VOIR LA TERRE

Merveilles de la Terre

EMELINE LEBOUTEILLER ET VÉRONIQUE SARANO

FLEURUS GEO Ado

www.editionsfleurus.com

Texte : Emeline Lebouteiller et Véronique Sarano
Rédaction en chef de Géo Ado : Isabelle Bouillot
Direction du développement des Éditions Géo Ado :
Dominique Fleurmont et Pierre-Olivier Bonfillon
Conception graphique de la collection : Studio Bosson
Maquette : Claude Poirier
Iconographie : Françoise Ancey
Contribution rédactionnelle : Isabelle Macé

Film : *Paradis rouge*
Production GÉDÉON PROGRAMMES/USHUAÏA TV
© 2006
Réalisateur : Nicolas Thomä
Prémastering : DVD Maker

Direction éditoriale : Christophe Savouré
Direction du développement : Nicolas Ragonneau
Direction de création : Laurent Quellet
Direction artistique : Armelle Riva
Édition : Françoise Ancey
Fabrication : Florence Bellot et Thierry Dubus

Un gigantesque merci à la merveilleuse Claire Farris pour son aide inestimable !
Une pensée émue à Armelle et à sa petite Nell !
Sans oublier l'extraordinaire Christine Loiseau !

15-27 rue Moussorgski, 75018 Paris
Dépôt légal : novembre 2007
ISBN : 978 2 215 054 61 0
N° d'édition : 93962
1re édition

Photogravure : IGS
Achevé d'imprimer sur les presses de l'imprimerie Proost, Belgique.
Loi n° 49-956 du 16 juillet 1949 sur les publications destinées à la jeunesse.

Petit mode d'emploi...

Perdues au milieu de l'océan

Dans les eaux chaudes des mers tropicales s'égrènent des milliers d'îles. Là, les palmiers, qui ornent les plages de sable blanc, caressent de leurs feuilles les eaux bleu turquoise des lagons. Véritables paradis terrestres, ces îles sont le résultat du travail acharné de minuscules animaux, les coraux.

Des paradis fragiles

L'ARCHE D'ALDABRA

Le corail, architecte des récifs

La formation d'un atoll

Un **texte introductif** ouvre la double page sur le thème abordé.

Des **encadrés** proposent un éclairage particulier sur un thème précis.

Des **légendes** permettent de replacer les documents dans leur contexte.

Des **photos** et des **dessins** illustrent les différents aspects des merveilles de la Terre.

Une **frise**, déroulée sur l'ensemble du livre, apporte des informations anecdotiques en rapport avec la double page.

Les photos portant le logo DVD sont extraites du DVD *Paradis Rouge*.

L'astérisque (*) signale les mots expliqués dans le **lexique** lors de leur première apparition sur une double page.

Les **pictogrammes** de la frise aident à identifier la nature de l'information :

Phénomènes naturels

Sciences et techniques

Chiffres et records

Hommes et peuples

Faune et flore

Culture

Protection de la nature

Nature en danger

Histoire et paléontologie

Sommaire

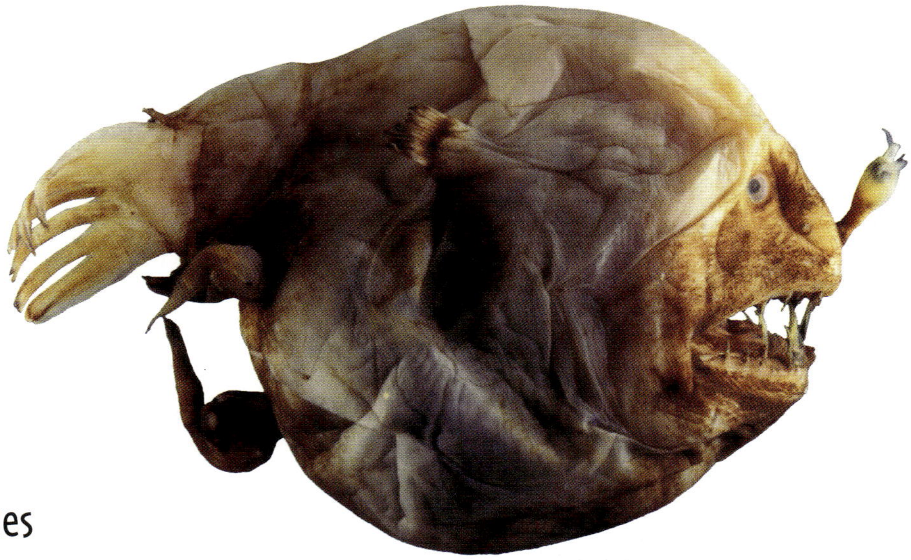

Spectacle de la Terre

Des sommets vertigineux de l'Himalaya à la mer de sable du Sahara, notre planète offre une variété exceptionnelle de paysages. Le grand architecte en est le temps, ses alliés sont les mouvements tectoniques et les volcans ; ses sculpteurs sont l'eau, le gel et le vent ; sa décoratrice est la végétation. Ensemble, ils ont façonné les chefs-d'œuvre qui émaillent notre Terre.

Une planète unique

Parmi les innombrables étoiles de notre galaxie, la Terre est la seule planète à posséder une telle diversité de paysages. Elle le doit à sa position par rapport au Soleil, ni trop près ni trop loin. Cette distance idéale lui assure une température clémente qui permet à l'eau d'être sous forme liquide et de faire vivre océans et rivières. Sa taille est suffisante pour qu'elle conserve autour d'elle (par attraction terrestre) les gaz qui constituent l'atmosphère, contrairement à la Lune trop petite. Baignée par les océans, arrosée par les pluies, enveloppée par l'atmosphère qui la protège, la Terre réunit toutes les conditions pour créer les merveilles de la nature.

Un patient travail d'artiste

Pendant 4 milliards d'années, notre planète se pare des paysages que nous lui connaissons. Le bouillonnement du magma au centre de la Terre déplace les continents et érige les grandes chaînes de montagnes, il ouvre des océans qu'il parsème d'îles, il hérisse les continents de hauts volcans. À cette diversité de reliefs s'ajoute la variété des roches, des plus tendres formées au fond des océans aux plus dures issues des laves volcaniques. Sculptée par le burin de la pluie et des fleuves, usée par les glaciers, modelée par les vagues, chacune réagit à sa façon, multipliant à l'infini les paysages. La végétation propre à chaque climat apporte la touche finale.

Les merveilles du Patrimoine mondial

Le spectacle est partout : au creux des atolls coralliens, dans l'exubérante forêt amazonienne, au plus profond des cavernes, dans le brasier des volcans... Certains de ces paysages sont uniques mais fragiles. Ils sont si exceptionnels que les hommes ont voulu les préserver, comme des œuvres d'art. Ils ont été classés par l'UNESCO* "sites du Patrimoine mondial". Ces chefs-d'œuvre naturels appartiennent à tous les peuples du monde, ils sont l'héritage du passé et la richesse de notre planète !

Les Sept Merveilles du monde de l'Antiquité étaient de gigantesques constructions : du phare d'Alexandrie aux jardins suspendus de Babylone, elles glorifiaient le génie architectural humain. Aucune ne concernait la nature considérée alors comme "l'ennemi sauvage" à dompter.

Le centre du Patrimoine mondial, qui fait partie de l'UNESCO, dresse la liste des sites ayant une valeur exceptionnelle. Il demande aux États de tout mettre en œuvre pour les conserver. En 2007, la liste comporte 167 sites naturels, 660 biens culturels et 25 sites mixtes, dont 2 en France.

Deux tiers de la planète se trouvent sous les océans. Ces immensités quasiment inexplorées recèlent certainement des merveilles. Sur les montagnes sous-marines, on a ainsi découvert d'étonnantes "forêts" de coraux profonds, incroyablement colorés, où vit une multitude de petits animaux.

Jusqu'au XIXe siècle, les explorateurs emmenaient avec eux des peintres chargés de représenter les terres qu'ils découvraient afin d'en rapporter la description la plus fidèle possible. Ces dessins et aquarelles constituent aujourd'hui un témoignage d'une valeur inestimable.

Carte des merveilles

Les merveilles de la nature sont dispersées dans le monde entier. Des pôles à l'Équateur et jusqu'au plus profond des océans, chaque milieu recèle ses splendeurs...

La découverte des continents fut très lente. Au milieu du XIXe siècle, l'Afrique était quasiment inconnue : les sources du Nil, les forêts équatoriales ou le Sahara restaient mystérieux. Le Dr Livingstone venait à peine de découvrir les grandes chutes Victoria.

Les explorateurs avaient le courage de partir vers l'inconnu, sans savoir s'ils sortiraient vivants de leurs expéditions. En retour, ils étaient les premiers Européens à admirer des paysages fabuleux et à rencontrer de nouveaux peuples.

Les premières cartes rassemblaient les informations recueillies par les explorateurs qui osaient s'aventurer à l'intérieur des continents. Faute de détails précis, elles sont illustrées par des animaux étranges ou par des endroits qui ont étonné ces Occidentaux.

Partout dans le monde, les lieux les plus spectaculaires sont sacrés. Pour les Kikuyus d'Afrique, le mont Kenya est la demeure du dieu de la Pluie. Chez les Maoris de Nouvelle-Zélande, les volcans du Tongariro représentent les dieux ancestraux. Monument Valley est la terre sacrée des Indiens navajos.

La Terre à la loupe

Dures comme le granite*, liquides comme le pétrole, friables comme l'ardoise ou la craie, les roches qui composent la croûte terrestre présentent une multitude d'aspects, de formes et de couleurs. Comme dans un livre à ciel ouvert, le géologue les étudie pour reconstituer la longue histoire de notre Terre.

Argile

Grès

Calcaire

Charbon

Gypse

Les roches sédimentaires

Disposées en couches parallèles, elles forment une mince pellicule qui recouvre notre planète. Nées à la surface de la Terre, elles proviennent de sédiments* qui se sont accumulés au fond des mers ou des lacs. Ceux-ci peuvent avoir plusieurs origines :

• Certains proviennent de l'érosion, c'est-à-dire de l'usure des roches par l'eau, les glaciers et le vent. Transportés par les cours d'eau jusqu'aux océans, ils se déposent et donnent naissance aux sables, aux limons*, aux lœss. Lorsque ces débris sont enfouis sous d'autres sédiments, ils se compactent et se transforment en argile ou en grès*.

• D'autres sédiments sont issus de débris de squelettes d'organismes, enfouis après leur mort. La craie, le calcaire, le charbon ou encore le pétrole résultent de ce processus.

• Les derniers proviennent des minéraux contenus dans l'eau de mer qui, lorsqu'elle s'évapore, forment un dépôt. Le sel et le gypse naissent ainsi.

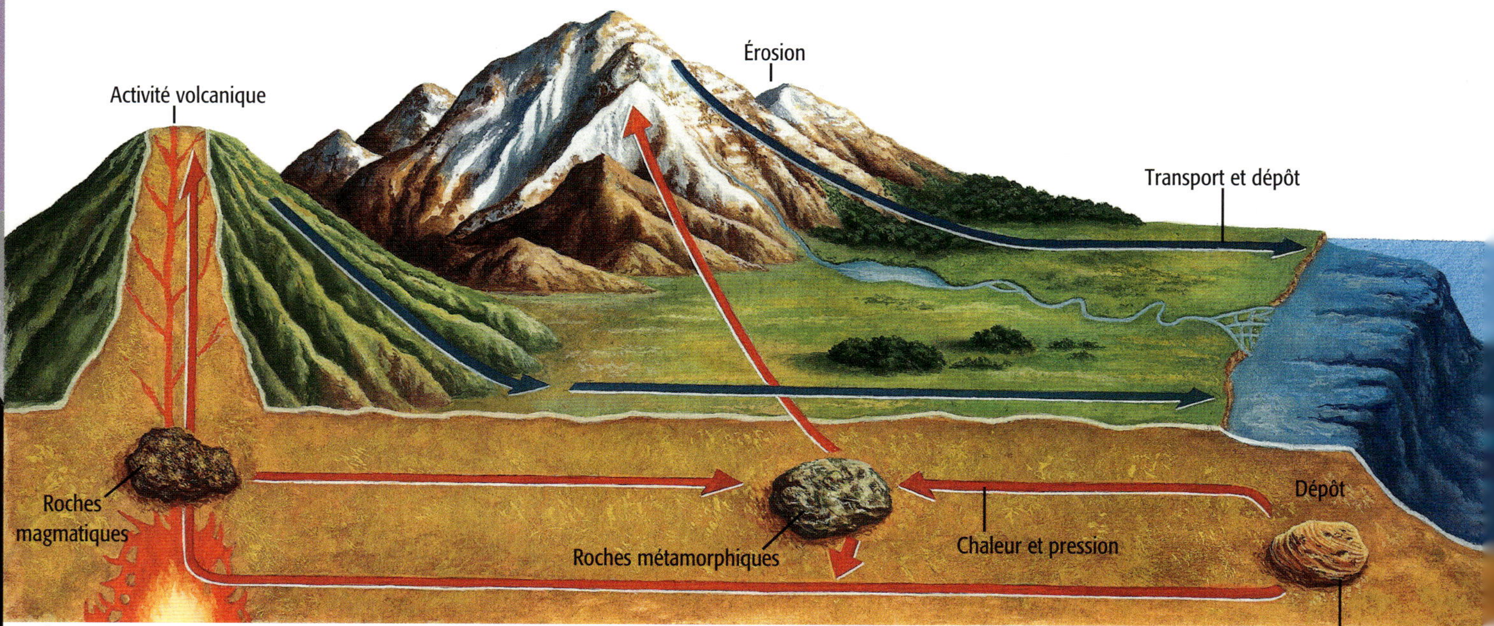

Les roches se déplacent et se transforment au cours du temps, décrivant une boucle sans fin : le cycle des roches.

Les roches volcaniques et plutoniques tiennent leurs noms des dieux de la mythologie, Vulcain et Pluton. Solitaire et ombrageux, Vulcain était le dieu du feu, du travail des métaux et des forgerons. Pluton, dieu des Enfers et gardien des morts, régnait lui sur le monde souterrain.

En Arizona, une forêt entière, vieille de 200 millions d'années, a été fossilisée. Les arbres, rapidement enfouis à leur mort sous une épaisse couche de limons, n'ont pas eu le temps de se décomposer et se sont fossilisés. Les plissements géologiques et l'érosion mirent ensuite à nu ces troncs pétrifiés.

Les roches magmatiques

Elles naissent lorsque le magma, issu de la fusion des roches du manteau et de la croûte terrestre, remonte vers la surface, se refroidit et se solidifie. Lorsque le magma se fige lentement avant de parvenir à la surface, il se crée des **roches plutoniques**, que seul le travail de l'érosion (vent, eau) pourra rendre visibles. Du fait du refroidissement très lent, des petits éléments, les cristaux, ont le temps de se former. Le granite*, dans lequel on peut distinguer des cristaux de quartz, de feldspath et de mica, est la plus commune de ces roches (95 % des roches plutoniques). Si au contraire, le magma remonte brutalement à la surface, la lave se refroidit rapidement au contact de l'air ou de l'eau sans avoir le temps de cristalliser et donne des **roches volcaniques**, comme les basaltes, qui représentent 90 % de ces roches.

Granite

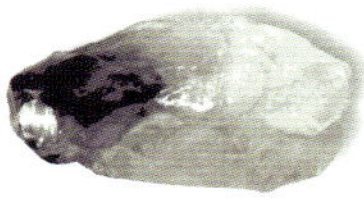

Quartz

Feldspath

Mica

Basalte

Les roches métamorphiques

Lorsque des roches sédimentaires ou magmatiques sont enfouies en profondeur, les pressions et les températures auxquelles elles sont confrontées sont telles qu'elles subissent une véritable métamorphose. Ces transformations apparaissent le plus souvent à la frontière des plaques tectoniques *(voir p. 51)* ou aux abords d'une remontée de magma. De nouveaux cristaux apparaissent, les fossiles sont détruits, et les roches chauffées, compressées ou étirées, prennent un aspect feuilleté où les minéraux s'orientent dans le même sens. Les ardoises, les schistes, les gneiss ou les marbres font partie de cette famille de roches.

Gneiss

Marbre

Ardoise

Schiste

Les fossiles livrent leurs secrets

Emprisonnés dans les roches sédimentaires, les fossiles sont des traces, des empreintes ou des restes d'êtres vivants transformés en pierre. La formation d'un fossile – qui peut être de la taille d'un dinosaure ou microscopique – relève du miracle car lorsqu'un animal ou une plante meurt, ils se décomposent et disparaissent la plupart du temps. Quelquefois cependant, ils tombent au fond d'une mer ou d'un lac avant d'être enfouis sous des couches de sédiments. Les parties molles se décomposent tandis que les parties dures se transforment peu à peu en roche.

Vieux de 3 milliards d'années ou de quelques milliers d'années seulement, les fossiles constituent de précieux témoins de l'histoire de la Terre. Ils permettent aux géologues de déterminer à quel moment et dans quel environnement les roches qui les emprisonnent se sont formées et aux paléontologues de retracer pas à pas l'histoire de la vie.

DES TRÉSORS ENFOUIS

Les roches proviennent d'éléments de taille variable, les minéraux. Généralement, ils se présentent sous forme de cristaux, c'est-à-dire que les atomes qui les composent s'ordonnent de façon géométrique. Les plus beaux cristaux, et les plus rares, sont généralement nés en profondeur, dans des fractures de l'écorce terrestre, là où la place était suffisante pour que de gros cristaux se développent. Diamant, émeraude, rubis, saphir, aigue-marine, améthyste… ils sont ainsi une trentaine, regroupés sous le terme de "gemmes", à faire le bonheur des joailliers. Le plus gros diamant jamais trouvé, le Cullinan, fut découvert dans une mine d'Afrique du Sud en 1905. Il faisait la taille d'un poing !

Le pétrole est une roche liquide formée par l'accumulation, la décomposition puis l'enfouissement de matière organique sous des couches de sédiments, sur les fonds marins. Le pétrole ainsi formé a tendance à remonter. Lorsqu'il est piégé par des roches perméables avant d'atteindre la surface, un gisement se crée.

Pour connaître la composition d'une roche, le géologue recourt au microscope. Il découpe la roche en fines lamelles de 0,03 mm d'épaisseur afin que la lumière la traverse. Le minéral est alors identifié grâce à sa forme et sa couleur. Des roches a priori banales dévoilent leur splendeur cachée.

Les déserts

Les déserts occupent un tiers de la surface des continents. Les noms utilisés pour les désigner – Vallée de la Mort (ouest des États-Unis), désert du Vide (Iran), Vallée de la Lune (Chili), ou bien encore "Grand soif" (sud de l'Afrique) – traduisent bien l'extrême hostilité de ces étendues désolées.

Qu'est-ce qu'un désert ?

L'existence de déserts chauds et froids montre que la température ne constitue pas la caractéristique principale de ces milieux. Leur point commun réside dans l'extrême aridité du climat, c'est-à-dire le manque d'eau. Ainsi, les régions du globe recevant moins de 250 mm de pluie par an sont dites "désertiques".

Leur situation géographique explique cette sécheresse extrême et permet de les classer en quatre catégories. Dans **les déserts chauds tropicaux**, la présence d'air chaud et sec empêche la formation de perturbations (Sahara, désert d'Arabie, Grand Désert australien...). **Les déserts chauds côtiers** résultent de la présence d'un courant marin froid qui assèche l'air et limite la formation de pluies (Atacama au Chili, Namib en Afrique...). **Les déserts continentaux** – ou froids – sont trop éloignés des océans pour bénéficier de leur humidité. Principalement situés en Asie centrale, ils sont marqués par des hivers extrêmement rigoureux. Enfin, de hautes chaînes montagneuses faisant barrage aux vents porteurs de pluies sont responsables des **déserts d'abri**.

Le vent, un sculpteur inépuisable

Privés de couverture végétale, les déserts sont la proie de l'eau et du vent qui, inlassablement, modèlent les paysages. L'eau, bien que rare, s'infiltre dans les roches et les désagrège chimiquement. Les pluies, tant attendues, sont souvent violentes et façonnent les pentes en ruisselant, ou convergent vers des cours d'eau temporaires, les *oueds*. Les roches, malmenées par les variations brutales de température, se fissurent et finissent par éclater.

Le vent finit ce long travail de sape. Les débris, grains de sable et autres particules qu'il transporte, frappent les roches et les polissent à la manière d'un papier abrasif, érigeant des formes originales en champignon, criblant la surface des roches tendres de creux et de sillons. Les grains de sable, balayés par les vents, s'accrochent à la moindre aspérité du sol, puis s'accumulent et donnent naissance aux dunes *(voir p. 15)*.

Le désert de Libye détient le record de la température la plus élevée jamais enregistrée sur Terre : 57,8 °C en 1922. Quant à la température la plus basse, elle a été relevée, en 1983, à la base de Vostok en Antarctique. Le thermomètre affichait - 89,2 °C !

Berceau de l'une des plus anciennes civilisations, l'Égypte ne serait qu'un vaste désert de sable et de rocailles si elle n'était parcourue par l'un des plus grands fleuves du monde (6 671 km). Le Nil dessine à travers le Sahara, en un long ruban de verdure, la plus importante oasis du monde.

Le plus grand désert du monde

Le Sahara s'étale sur plus de 8 millions de km², soit environ un quart de l'Afrique, de l'océan Atlantique à la mer Rouge. Les mers de sable (ergs) ne recouvrent que le cinquième de sa superficie. Le reste est occupé par de vastes étendues de cailloux (regs ou hamadas) desquelles émergent, de temps à autre, de vieilles montagnes usées, pouvant culminer tout de même à plus de 3 000 m d'altitude. Au sud, le Sahara est bordé par le Sahel, zone de transition entre le désert et la savane. Même si le Sahara fut autrefois verdoyant et traversé par de larges fleuves, il connaît depuis 5 000 ans un climat extrêmement sec. Les précipitations, rares et irrégulières, n'excèdent pas 100 mm par an, alors qu'en France, il tombe 600 mm à 1 m de pluie par an. Certaines régions, comme le désert de Libye, peuvent rester plusieurs années sans une goutte d'eau ! Bien que les températures descendent parfois sous 0 °C, les hivers sont doux et laissent place à des étés torrides. Dans la journée, le thermomètre atteint parfois 50 °C à l'ombre et les écarts entre le jour et la nuit peuvent dépasser 30 °C.

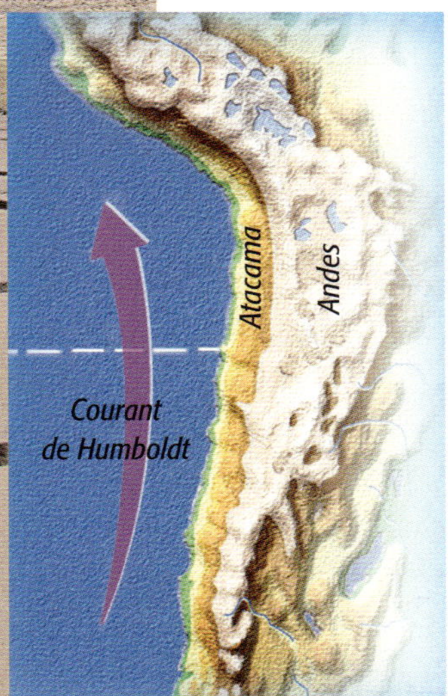

En bordure du Pacifique

Perché entre 1 000 et 4 000 m d'altitude, le désert d'Atacama s'étend le long des côtes du Chili sur près de 3 000 km. Coincée entre les hautes montagnes des Andes et le Pacifique, cette étendue de terre et de roches est probablement le lieu le plus aride de la planète : moins de 30 mm de pluie par an !

Cette aridité extrême est due à la présence conjointe d'un courant côtier froid qui rafraîchit et assèche l'air – le courant de Humboldt –, et d'un anticyclone* à l'air chaud et sec. Cette inversion thermique (de l'air froid au-dessus de l'océan et de l'air chaud en altitude) se traduit par une absence de pluies, qui n'empêche pas, toutefois, la formation d'une brume épaisse, à proximité des côtes, et le développement d'une végétation buissonneuse. Plus haut, au-dessus du brouillard, de vastes dépressions couvertes de sel ponctuent un univers lunaire de sable et de roches modelé par le vent.

C'est en étudiant l'océan Atlantique au large de la Mauritanie (Afrique) que Théodore Monod sentit l'appel du désert. Explorateur et écrivain, il arpenta le désert, à pied ou à dos de chameau, pendant plus de soixante ans. Il découvrit de nombreux sites néolithiques et répertoria des milliers de fleurs et animaux.

Le dipneuste est un poisson capable de vivre... dans le désert ! En plus de ses branchies, il possède des poumons lui permettant de respirer hors de l'eau. Quand la sécheresse le prive d'eau, il s'enfouit dans la vase où il patiente parfois plusieurs années en attendant la venue des prochaines pluies.

Le royaume du sable

Les grandes mers de sable sont les premières images qui viennent à l'esprit lorsque l'on évoque les déserts. Pourtant, elles ne représentent que 10 % des surfaces désertiques de la planète. Leurs formes majestueuses n'en restent pas moins un objet de fascination pour les voyageurs et les scientifiques qui les étudient.

LE VAISSEAU DU DÉSERT

De ses longues pattes munies de coussinets en forme de raquette, à sa bosse emplie de graisse, toute l'anatomie du dromadaire semble avoir été pensée pour survivre dans des conditions extrêmes. Ses longs cils et les poils de ses oreilles forment des barrières efficaces contre le sable, et en cas de tempête, ses narines se ferment complètement. Son épaisse fourrure le protège du soleil et régule sa température en emprisonnant une couche d'air : sa température interne peut dépasser 40 °C sans que perle la moindre goutte de sueur. Ses réserves de graisse contenues dans sa bosse lui permettent de rester sans boire ni manger pendant plus de 10 jours. Mais si l'occasion se présente, il peut absorber plus de 100 litres d'eau en une seule fois !

La mer de sable du Namib

Le désert du Namib s'étire sur près de 2 000 km, le long du littoral atlantique de l'Afrique australe. Cette étendue désertique résulte, comme le désert d'Atacama (*voir p. 13*), d'un courant marin froid, le Benguela. L'air refroidi et asséché qui aborde les côtes se mêle à l'air chaud du continent. Cette rencontre donne naissance à une masse d'air sec et stable qui s'étire vers l'intérieur des terres, sans empêcher pour autant la formation d'épais bancs de brouillard en bordure du littoral.

Partagé en deux par le fleuve Kuiseb, ce désert offre au nord un paysage de reg aux cailloux anguleux. Au sud s'étend une vaste mer de sable (erg) dont les dunes orangées comptent parmi les plus hautes de la planète. L'erg du Namib se compose de dunes en croissant, ou en forme de pyramide, et de cordons effilés hauts de 300 m qui s'étirent, pour certains, sur plus de 30 km !

Dans le désert du Namib pousse une plante étonnante. Pouvant vivre entre 1 000 et 2 000 ans, Welwitschia mirabilis produit de longues feuilles rubanées, de 2 à 3 m de long, qui recueillent l'eau de la brume. Sa racine principale plonge jusqu'à 10 m de profondeur pour puiser l'eau des nappes.

Présente dans le Sahara, la vipère des sables reste enfouie des heures durant pour guetter ses proies, ne laissant dépasser du sable que ses yeux placés sur le dessus de sa tête. La nuit venue, elle sort et se déplace en se jetant en l'air, laissant dans le sable des traces parallèles caractéristiques.

Majestueuses dunes

Les vents qui balayent les régions désertiques transportent les grains de sable parfois sur plusieurs milliers de kilomètres. Mais lorsque le sable rencontre un obstacle (touffe d'herbe, caillou), il s'accumule peu à peu, érigeant des dunes aux formes variées. Les scientifiques les classent généralement en deux grandes familles.

• Les **dunes fixes** les plus communes sont les ***nebkhas*** n'excédant que rarement 5 m de hauteur. Elles prennent une forme parabolique ❶ lorsque la végétation sur laquelle le sable s'amoncelle est abondante. Les **dunes en étoiles** ❷, ou ***ghourds***, soumises à des vents de directions différentes, sont les plus grandes de toutes : jusqu'à 400 m de haut.

• Dans le groupe des **dunes mobiles**, on distingue les **dunes transversales** ❸, qui ne dépassent guère les 2 m de haut ; les dunes en forme de S ❹, ou ***siouf*** *(voir p.13)* ; les **dunes linéaires** ❺ qui créent des vallées dans lesquelles le vent s'engouffre. Ces dernières peuvent s'élever à 300 m de haut et s'étirer sur plus de 200 km de long. Les **dunes en croissant** ❻, ou ***barkhanes***, plus mobiles, culminent parfois à 100 m d'altitude.

❶ nebkhas

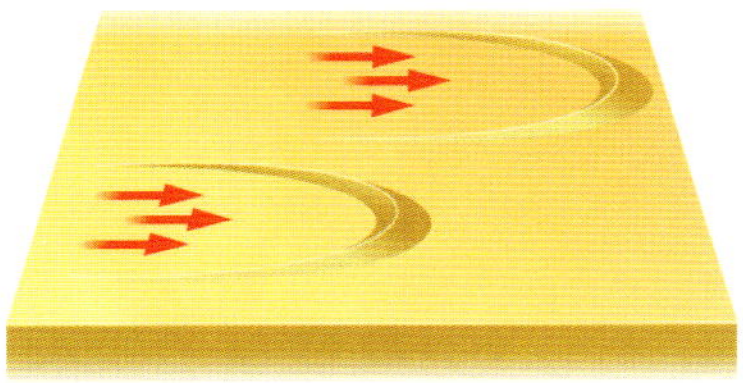

❷ *ghourds*

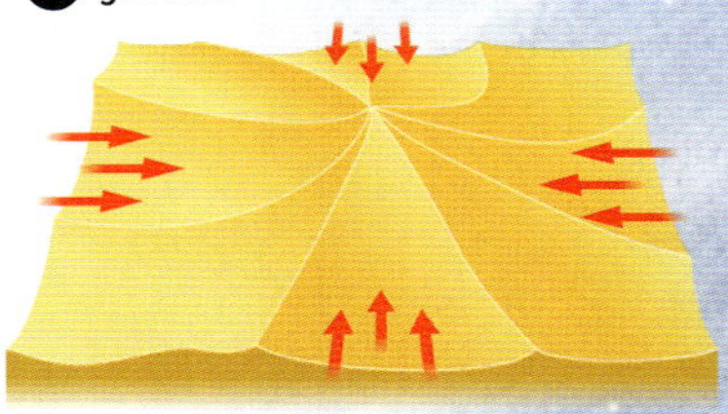

❸ dunes transversales

❹ *siouf*

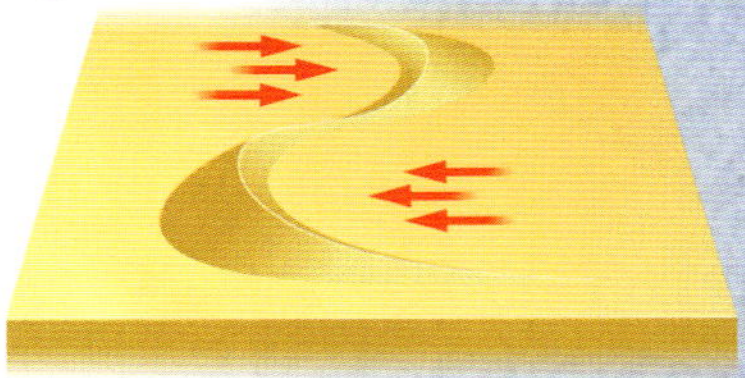

❺ dunes linéaires

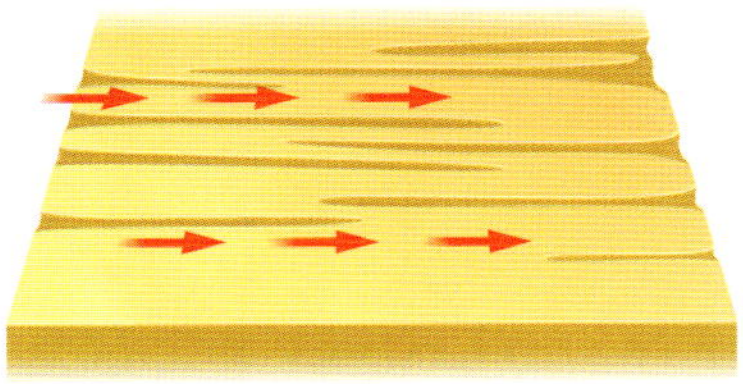

❻ dunes en croissant

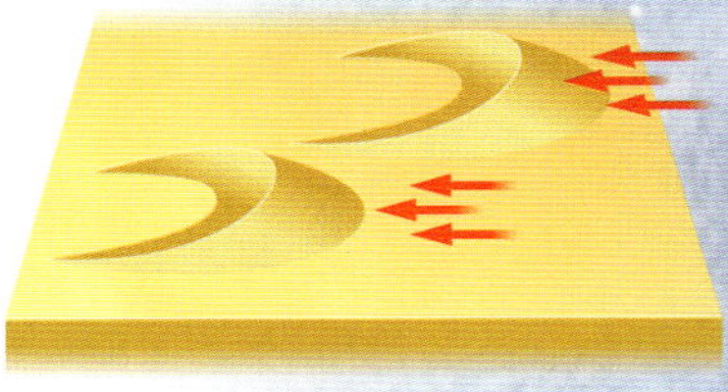

Les sables blancs du Nouveau-Mexique

L'évocation des mers de sable renvoie à l'image des majestueuses dunes jaune-orangé du Sahara. Mais en réalité, le sable des déserts offre une palette de couleurs extraordinairement variée : rouge dans le désert de Simpson (Australie), ocre dans le désert du Namib, ou noir dans les étendues sableuses du Karakoum (Asie centrale). Le sable tient sa couleur des grains qui le composent, grains qui résultent en grande partie de la désagrégation des roches préexistantes. C'est sans doute au nord du désert de Chihuahua, à cheval sur les États-Unis et le Mexique, que le spectacle est le plus éblouissant. Une vallée encerclée de montagnes abrite des dunes d'une blancheur immaculée. Le bassin qui accueille ce désert constitue un piège pour les eaux chargées de gypse qui ruissellent des montagnes alentour. Le gypse est un minéral qui, comme le sel, se dissout dans l'eau. Lorsque l'eau s'évapore, des cristaux d'un blanc éclatant se déposent. Balayés par les vents, ils forment alors des dunes qui, inexorablement, recouvrent tout sur leur passage.

L'harmattan au Sahara, le zonda en Argentine, le khamsin en Égypte… Chaque désert est balayé par un vent dominant. Les déserts d'Asie centrale sont plus venteux que les déserts africains, même si ces derniers n'échappent pas aux violentes tempêtes de sables, les simouns.

Le sable ne forme pas uniquement des champs de dunes. Il peut aussi recouvrir, de façon homogène, de grandes zones plates, sur quelques mètres d'épaisseur. La plus importante couverture de sable de ce type est celle de Selima Sand Sheet qui s'étend sur plus de 100 000 km^2 dans l'est du Sahara.

Les chefs-d'œuvre du désert

L'eau est rare dans les déserts. Et pourtant, c'est elle qui a façonné les superbes œuvres que l'on peut admirer aujourd'hui. Car l'histoire des paysages désertiques remonte bien loin en arrière, à l'époque où ces régions étaient couvertes de forêts et recevaient d'abondantes pluies...

Il y a 6 000 ans, le Sahara était une savane parsemée d'arbres où coulaient des fleuves peuplés de crocodiles et d'hippopotames ! Fleuves et rivières ont creusé des vallées. Certains se sont engouffrés dans les gorges, s'enfonçant progressivement entre de hautes falaises. D'autres ont entaillé les plateaux, et découpé des milliers de pitons rocheux. Tous ont arraché et transporté des tonnes de sable et de cailloux qu'ils ont déposées au fond de vastes lacs. Peu à peu, l'eau a ainsi façonné les grands traits du paysage actuel. Depuis que les rivières se sont asséchées, le vent du désert est entré en action. Il projette avec force les grains de sable qui usent les roches, millimètre après millimètre. Il polit, sculpte et fignole le travail commencé par l'eau. Il est d'autant plus efficace que la végétation qui protégeait autrefois la roche a disparu.

Champignons de pierre, au Sahara
L'eau et le vent, qui se sont acharnés sur ce piton de grès*, en ont creusé les couches les plus tendres situées près du sol. Ils ont fini par modeler ce superbe "champignon" qui se dresse dans le sud du Sahara, à la frontière de la Libye et du Niger. Il existe d'autres sculptures de ce type dans le monde, mais elles sont rares car elles ne durent pas longtemps à l'échelle des temps géologiques : dès que la base devient trop fragile, l'ensemble s'effondre !

Pitons de grès, au Sahara
Les formes étranges du Maghidet, en Libye, sont l'œuvre combinée de l'eau, du soleil et... du gel ! Elles ont d'abord été découpées par les anciennes rivières. Puis le soleil brûlant du désert a "cuit" leur surface, tandis que la rosée, qui s'infiltre dans les minuscules fentes et gèle les nuits d'hiver, a fait éclater la roche.

Les animaux gravés sur les rochers du Sahara par les hommes du Néolithique montrent combien cette région était autrefois verdoyante : hippopotames, crocodiles, éléphants, buffles. Tous ont fui vers les savanes du sud lorsque la région s'est asséchée.

Il suffit d'une averse pour que le désert se couvre d'herbes et de petites fleurs. En quelques jours, les fleurs donneront des graines qui, enfouies dans le sol, devront attendre, souvent plusieurs années, la prochaine pluie pour fleurir à nouveau.

Désert blanc, en Égypte
Au cœur du désert égyptien, des roches d'un blanc très pur tranchent sur le sable ocre. La nuit, elles prennent des aspects fantomatiques sous la lueur de la lune. Ces roches de calcaire et de craie se sont formées il y a 70 millions d'années, lorsque la mer recouvrait le nord de l'Afrique. Les coquillages et les squelettes des animaux marins morts se sont déposés au fond pendant des millénaires. Ils ont donné une épaisse couche de calcaire. Lorsque la mer s'est retirée, l'érosion a sculpté la craie tendre. On y trouve aujourd'hui des fossiles d'oursins et de coquillages, en plein désert !

L'arche de Fozzigiaren, au Sahara
Gigantesque au milieu du lit d'une rivière asséchée (oued), cette arche culmine à plus de 80 m de haut, donnant l'impression au visiteur qu'il est un insecte entre les pattes d'un géant. On imagine la force colossale du fleuve qui l'a sculptée, au cœur du djebel Akakus, dans le Sud saharien.

Wave Rock, en Australie
À 350 km de Perth, dans le sud-ouest de l'Australie, une gigantesque sculpture de granite* fait penser à une vague prête à déferler. Avec ses 110 m de long, 15 m de haut, cette impressionnante falaise est le rebord d'un plateau, Hyden Rock, qui a été longuement usé par l'érosion des rivières, il y a 500 millions d'années. Il existe plusieurs autres "vagues" dans les alentours, mais Wave rock est la plus grande. En saison humide, l'eau ruisselle le long de sa paroi. Elle dissout certains minéraux (carbonates et oxydes de fer) et les redépose plus loin. Ces dépôts donnent les stries verticales colorées qui soulignent l'arrondi de la vague.

***Pinnacles*, en Australie**
Ces pointes de 2 à 5 m de haut seraient nées… sous les dunes ! À l'époque où la région était couverte d'arbres, les précipitations, légèrement acides, ont alternativement dissous puis cimenté le sable calcaire autour des racines. La pluie les aurait ainsi progressivement entourées d'un manchon calcaire. Lorsque le désert s'est installé, faisant mourir la végétation, le vent a balayé le sable. Il a dégagé ces piliers que les Australiens ont baptisés *pinnacles*, pointes.

Il est difficile de mesurer l'action du sable qui, projeté par le vent, arrive à ronger les roches. En revanche, on perçoit clairement son action sur les ouvrages de l'homme. Ainsi, il suffit d'une tempête de quelques jours pour décaper entièrement une voiture de sa peinture !

Le désert de Jordanie est entaillé par d'impressionnants défilés où passaient des routes commerciales. Les Nabatéens s'y établirent il y a 2500 ans et s'enrichirent en taxant les marchandises. Ils rehaussèrent la beauté de ces gorges avec les façades ouvragées de la ville de Pétra.

Chaque année, les exploitations de sel qui parsèment le Salar de Uyuni extraient et raffinent 19 700 tonnes de sel destiné à la consommation humaine. Cela représente une quantité dérisoire par rapport aux 10 milliards de tonnes de sel qu'il contient.

Lorsque les salars ne sont pas complètement asséchés, il n'y a guère que de petites crevettes, les artémias, qui parviennent à vivre dans leurs eaux salées. Elles constituent le mets favori des flamants roses, auxquels elles donnent leur belle couleur.

Le Salar de Uyuni

Comme des sentinelles juchées sur un promontoire, les cactus géants de l'île du Pêcheur semblent défier un univers hostile où le silence, assourdissant, règne en maître. Car tout autour, le Salar de Uyuni étire à l'infini sa surface d'un blanc étincelant.

Du sel à perte de vue

Perché à 3 700 m d'altitude sur les hauts plateaux du sud-ouest de la Bolivie, le Salar de Uyuni est le plus vaste désert de sel du monde. Il s'étend sur plus de 12 000 km^2, soit l'équivalent de deux départements français. Le sel, dur comme la roche, dessine à sa surface une mosaïque d'hexagones caractéristiques des sols asséchés. Lorsque la pluie inonde cette surface cristalline, le salar ("saler" en espagnol) revêt alors l'aspect d'un miroir sans fin, dans lequel terre et ciel se confondent. Les volcans lointains, déformés par la chaleur et la forte luminosité, apparaissent comme des mirages sur la ligne d'horizon.

Une mer prise au piège

Pour comprendre l'origine du Salar de Uyuni, il faut remonter quelques millions d'années en arrière, lors de la formation de la chaîne montagneuse des Andes. La bordure du continent sud-américain, malmenée par le mouvement des plaques tectoniques *(voir p.51)*, s'est plissée et soulevée. Un morceau de mer fut alors pris au piège, puis élevé à 3 800 m d'altitude. Sous le climat particulièrement aride qui régnait sur ces hauts plateaux il y a 40 000 ans, le lac Minchin qui en résulta s'assécha peu à peu. Il laissa alors derrière lui deux petits lacs, Poopó et Uru Uru, et deux déserts de sel, le Salar de Coipasa et l'immense Salar de Uyuni.

Une faune et une flore improbables

Perdue au milieu de ce désert blanc se dresse la petite île du Pêcheur. Dans cet univers hostile, la vie semble impossible et pourtant, cet îlot rocheux de quelques hectares à peine, est hérissé de cactus géants, pouvant mesurer jusqu'à 12 m de haut ! Grandissant de 1 cm par an, certains d'entre eux auraient près de 1 200 ans... Au milieu de ce dédale s'ébattent des tatous à l'imposante cuirasse et de gros rongeurs au corps trapu, les viscaches, qui, à la manière des lézards, perdent leur queue pour échapper aux rares prédateurs que sont renards et pumas.

Sous le soleil de plomb du Moyen-Orient, la mer Morte perd peu à peu son eau. Les rivières qui s'y déversent ne parviennent pas à compenser l'intense évaporation. Comme le sel, lui, ne s'évapore pas, la salinité augmente, faisant de la mer Morte l'étendue d'eau la plus salée du monde.

Lorsque l'eau s'évapore des terrains tendres (sable), les minéraux dissous se déposent et s'organisent en cristaux. C'est le cas des minéraux de gypse qui, en s'agrégeant, se disposent à la manière des pétales d'une rose. Ces roches sont communément appelées "roses des sables".

Le delta de l'Okavango

Au cœur de l'Afrique australe, serpente un fleuve qui ne rejoindra jamais la mer. Avant de s'effacer dans l'immense désert du Kalahari, l'Okavango étale ses bras mouvants, et dessine dans le sable une oasis qui abrite une biodiversité* exceptionnelle.

"Le fleuve qui ne trouve jamais la mer"

Nées dans les montagnes du nord de l'Angola, les rivières Cuito et Kavambo s'écoulent vers le sud et se rejoignent pour donner l'Okavango. Les eaux de ce fleuve serpentent sur 1 000 km à travers la Namibie avant de franchir le Botswana. Là, dans un gigantesque dédale de canaux, de lagunes et d'îlots, elles divaguent puis disparaissent, absorbées par les sables brûlants du désert, formant ainsi le plus grand delta* intérieur de la planète (15 000 km²). Pourtant, il y a 2 millions d'années, l'Okavango rejoignait probablement l'océan Indien. Mais les mouvements des plaques tectoniques *(voir p. 51)* ont peu à peu détourné son cours, créant au cœur d'une des plus vastes étendues de sable du monde, une zone humide d'une incroyable richesse.

Le paradis sur terre

Dans ce labyrinthe marécageux, une flore luxuriante et une faune très diversifiée prolifèrent à quelques pas de l'univers aride du désert du Kalahari. Roseaux, papyrus et nénuphars s'épanouissent au pied des forêts de mopanes, de savanes arborées et d'îlots verdoyants. Dans les étangs et les canaux, hippopotames et crocodiles se prélassent sous le regard de centaines d'espèces d'oiseaux : ibis, cigognes, perroquets, jacanas africains... Véritable arche de vie, le delta de l'Okavango réunit toute la faune de l'Afrique : lions, singes, léopards, gazelles, etc. Et lorsque au mois de mars, les eaux du fleuve inondent les terres sèches, affluent de toute part girafes, antilopes, gnous, buffles et autres éléphants.

Les éléphants sont des animaux sociaux qui vivent en groupes familiaux. Parfois, plusieurs individus se réunissent pour former un clan dont une femelle prend la tête. Avec plus de 70 000 têtes, le Botswana abrite le plus grand troupeau d'éléphants d'Afrique.

Animal emblématique du delta, le cobe lechwe est parfaitement adapté à la vie semi-aquatique. Munie de sabots pointus et de longs doigts latéraux, cette petite antilope évolue sans s'enfoncer sur le sol boueux. Excellente nageuse, elle s'immerge en cas de danger, ne laissant alors dépasser que ses narines.

Un avenir incertain

Le delta de l'Okavango est un véritable don du ciel pour les habitants du Botswana, pays occupé par le désert du Kalahari. Ses terres fertiles permettent la culture du maïs et du sorgho et ses eaux fournissent aux pêcheurs du poisson en abondance. Les bergers y font pâturer leurs troupeaux de moutons, de chèvres et de karaculs (brebis), tandis que les chasseurs locaux et les touristes profitent d'une faune sauvage dense et variée.

Terre nourricière providentielle, le delta est aujourd'hui pourtant gravement menacé. Les troupeaux domestiques, trop nombreux, détruisent la végétation, favorisant ainsi l'extension des sables du désert, et privant de ressources les animaux sauvages. Cet extraordinaire écosystème* est également menacé par le réchauffement climatique de la planète : les pluies se font plus rares sur le sud de l'Afrique et le delta risque, à ce rythme, de s'assécher complètement.

Peuple du Botswana, les Wayeyi vivent dans le delta de l'Okavango de l'élevage, de l'agriculture et de la pêche. Mais aujourd'hui, leur avenir est menacé par la politique du gouvernement botswanais qui souhaite assimiler les ethnies minoritaires à la culture dominante setswana.

Avec ses 3 700 km de long, la Volga est le plus long fleuve d'Europe. Comme l'Okavango, elle ne rejoint pas l'océan, mais se perd dans une vaste dépression fermée où se rejoignent les eaux de plusieurs cours d'eau, la mer Caspienne. L'endoréisme est le terme utilisé pour qualifier ce type d'écoulement.

Un océan vert

Des sommets enneigés des Andes à l'océan Atlantique, l'Amazone, puissante et imposante, serpente à travers les plaines d'Amérique du Sud sur des milliers de kilomètres, baignant de ses crues la jungle la plus riche et la plus diversifiée du monde, la forêt amazonienne.

Puissante Amazone

À 200 km environ de l'océan Pacifique, perché à plus de 5 000 m d'altitude dans la cordillère des Andes, jaillit un ruisseau. Rien ne laisse supposer que ce modeste cours d'eau constitue la source d'un des fleuves les plus longs – 6 500 km – et les plus puissants de la planète, **l'Amazone**. Le volume d'eau qu'il transporte – 75 fois plus que le Nil – et son débit à l'embouchure – 400 fois supérieur à celui de la Seine – ne sont égalés par aucun autre fleuve au monde !

Après avoir dévalé les pentes abruptes des Andes, l'Amazone doit encore parcourir plus de 5 000 km pour rejoindre l'océan Atlantique. Sur cette distance, le dénivelé est si faible – 60 m à peine – que ses eaux s'écoulent lentement en de larges lacets. À l'approche de la mer, l'Amazone, qui n'a cessé de s'élargir et de recueillir les eaux de milliers d'affluents, s'étale sur plus de 300 km en un vaste estuaire*. Deux milliards de litres d'eau douce – les deux tiers de l'eau douce de la planète ! – chargée de limons* se déversent chaque seconde avec force dans l'Atlantique, refoulant jusqu'à 200 km en pleine mer les eaux salées de l'océan !

Pour explorer la canopée, un drôle d'engin a été mis au point : le radeau des cimes. Constitué de boudins gonflables et de vastes filets, le dispositif est transporté par dirigeable au sommet des arbres. Entomologistes et botanistes peuvent ainsi se déplacer sur la canopée et prélever des échantillons.

L'anaconda géant peut atteindre 10 m de long et peser plus de 200 kg ! Excellent nageur, il vit dans les zones marécageuses du bassin amazonien, mais peut aussi grimper aux arbres. Redoutable prédateur, ce serpent tue ses proies par étranglement, puis achève son travail en les noyant.

Une forêt démesurée

Avec une superficie de 6 millions de km², la jungle amazonienne constitue la plus grande forêt tropicale de la planète. Située de part et d'autre de l'équateur, elle connaît un climat chaud et humide toute l'année, propice au développement d'une végétation exubérante. La température moyenne est de 25 °C et les précipitations dépassent 1 500 mm de pluie par an. Dans le sous-bois humide, seulement 1 % de la lumière parvient au sol. Les plantes et arbustes poussent très lentement. À mesure que l'on s'élève, la lumière pénètre davantage et la croissance des plantes s'accélère. Des arbres de taille intermédiaire sont pris d'assaut par des plantes grimpantes, les **épiphytes**, qui poussent en utilisant d'autres végétaux comme support. À l'étage supérieur, la frondaison d'arbres hauts de plusieurs dizaines de mètres, forme une voûte dense et persistante, la **canopée**, d'où émergent des arbres géants de 60 m de hauteur !

La richesse de la canopée

La jungle amazonienne abrite plus de la moitié des espèces végétales et animales de la planète. Dans sa partie brésilienne, on dénombre 502 espèces de mammifères, 1 677 d'oiseaux, 600 d'amphibiens, 2 657 de poissons... Plus de 2,5 millions d'espèces d'insectes s'ébattent dans cette étuve à ciel ouvert et les naturalistes n'en auraient répertorié qu'une infime partie !

Le sol, constamment détrempé, est également le domaine d'une multitude de crustacés et de batraciens. Tapirs, pécaris et autres petits mammifères évoluent sous l'œil du jaguar qui, perché à quelques mètres de hauteur, guette ses proies. Mais c'est dans la canopée, entre 30 et 40 m au-dessus du sol, que la vie est la plus foisonnante. Certains animaux, à l'instar du **paresseux** *(photo)*, sont si bien adaptés à cette vie aérienne qu'ils ne descendent jamais à terre. Dans ce royaume des oiseaux par excellence, les colibris, toucans, perruches et aras donnent au lever du jour la réplique au singe hurleur.

LE POUMON DE LA PLANÈTE

La forêt amazonienne joue un rôle important à l'échelle planétaire. Les plantes absorbent le gaz carbonique présent dans l'air et le restituent sous forme d'oxygène. Mais aujourd'hui, la forêt est gravement menacée par l'activité humaine. Près de 3 km² d'arbres disparaissent toutes les heures (soit l'équivalent de 300 terrains de football), débités pour commercialiser le bois et dégager des terres cultivables. Le gaz carbonique, qui n'est plus absorbé par la végétation, contribue à l'augmentation de l'effet de serre et participe au réchauffement climatique de la planète.

Yanomamis, Guaranis, Kayapos... De nombreuses tribus d'Indiens forment des groupes disséminés dans la forêt amazonienne. Installés là depuis 5 000 ans, ils vivent de chasse, de pêche, de cueillette et d'un peu d'agriculture. Parfaitement adapté à la forêt, leur mode de vie est aujourd'hui menacé par la déforestation.

Lorsque le conquistador espagnol Francisco de Orellana explora le fleuve Amazone au XVIe siècle, il fut attaqué par des femmes indiennes. Il les baptisa "Amazones", en référence aux femmes guerrières de la mythologie grecque, les Amazones, qui, pour manier l'arc plus facilement, s'amputaient d'un sein.

Une forêt entre mer et terre

Avant de déverser leurs eaux chargées de boue dans le golfe du Bengale, le Gange et le Brahmapoutre, venus des pentes escarpées de l'Himalaya, s'unissent en un dédale de chenaux pour former le plus vaste delta* de la planète. Dans cet univers mouvant, s'épanouit une forêt marécageuse et impénétrable, la mangrove des Sundarbans.

Grâce à cette photo satellite, on peut voir l'étendue de la forêt de mangrove des Sundarbans.

Les Sundarbans

Là où le delta du Gange se fractionne en milliers de bras, la plus grande forêt de mangrove du monde a pris possession des lieux. Sur 10 000 km² – plus de la moitié en Inde, l'autre partie au Bangladesh –, elle dévoile des centaines d'îlots de jungle colonisés par les palétuviers et entrecoupés de marécages et de voies d'eau. Leurs tracés sinueux sont sans cesse modifiés par les caprices du fleuve, les assauts de l'océan et les tempêtes tropicales. Comme suspendue entre terre et mer, la jungle des Sundarbans est dotée d'une biodiversité* incroyablement riche.

Les pieds dans l'eau

Les forêts de mangroves se développent dans les régions tropicales, le long des littoraux abrités et dans les eaux saumâtres des estuaires*. Elles poussent de part et d'autre de l'équateur, en Afrique, en Asie, et en Amérique du Sud. Milieux de transition entre la terre et la mer, les arbres, arbustes, lianes et palmiers qui les composent s'enchevêtrent dans des sols meubles faits de sable, d'argile et de limons*. Dans ces univers de vase à l'odeur suffocante, inondés au rythme des marées, les plantes et les animaux doivent s'accommoder d'un sol pauvre en oxygène et fortement salé. Couvrant une superficie de plus de 150 000 km² à travers le monde, ces forêts constituent un écosystème* d'une grande richesse, qui, de plus, joue un rôle fondamental en protégeant les côtes de l'érosion causée par les vagues et les tempêtes tropicales.

Pour pêcher dans le labyrinthe inextricable des Sundarbans, les hommes se sont dotés de précieuses alliées : des loutres domestiquées leur servent de rabatteuses. Attachées à une corde, elles fondent sur les bancs de poissons qui n'ont plus d'autre choix que de s'engouffrer dans les filets.

Aujourd'hui, les mangroves sont menacées de façon préoccupante par les activités humaines : surexploitation du bois, création de salines, de rizières... Plusieurs programmes de protection sont en cours pour tenter d'enrayer ce désastre écologique annoncé.

Le royaume des palétuviers

Arbres d'apparence peu banale, les palétuviers, dont on recense une soixantaine d'espèces dans le monde, prolifèrent en vaste colonie dans les mangroves. Leurs qualités d'adaptation en font les rois de ces forêts aquatiques. Le sel, véritable poison pour les plantes terrestres, n'est aucunement un handicap pour eux. Leurs feuilles épaisses en rejettent le trop-plein et sont capables de recueillir une grande partie de l'eau de pluie. Certains arbres, dotés de racines aériennes en forme d'échasse, absorbent l'oxygène de l'air.

D'autres, profondément ancrés dans la vase, disposent de petites pointes creuses et tubulaires, les **pneumatophores**, qui, comme autant de tubas, dépassent de la vase et leur permettent de respirer. Les feuilles qui tombent des arbres forment une riche litière dans laquelle prolifèrent quantité de micro-organismes, nourriture de choix pour une faune adaptée à la vie amphibie*.

Les périophthalmes sont capables de respirer hors de l'eau grâce à de petits sacs spongieux, disposés sous les branchies, faisant office de poumons.

La faune des Sundarbans

La mangrove du delta du Gange abrite une faune extraordinairement variée dont plusieurs espèces rares et sauvages sont aujourd'hui en voie d'extinction. C'est le cas du crocodile marin, du python indien ou du terrible tigre du Bengale qui règne en maître sur ce monde semi-aquatique. Dans l'enchevêtrement de racines des palétuviers prospèrent de nombreux reptiles, poissons, crabes et autres crevettes. Haltes de choix pour nombre d'oiseaux migrateurs, cette forêt est aussi le refuge des tortues de mer ou d'imposants mammifères comme les singes ou le jaguar.

Pour pallier le manque d'oxygène, les palétuviers ont adopté un mode de reproduction particulier. Plutôt que de germer dans le sol, les graines se développent sur les branches de l'arbre avant de tomber. Les jeunes pousses se laissent ensuite transporter au fil de l'eau jusqu'au lieu propice à leur enracinement.

Surnommé à juste titre le "mangeur d'hommes", le tigre du Bengale n'hésite pas à s'attaquer à l'homme. Pour se protéger, les pêcheurs et les récolteurs de miel sauvage portent derrière la tête un masque à visage humain car le tigre, bien que féroce, ne charge que de dos.

Créatrices de rivages

Jour après jour, les vagues de l'océan s'abattent sur le littoral. Elles creusent les falaises, transportent les débris et les déposent plus loin sur le rivage. Tour à tour destructrices et constructrices, elles dessinent le contour des côtes qu'elles ont patiemment modelé au cours du temps.

Falaises du sud de l'Australie
Par beau temps, les vagues viennent doucement mourir au pied des hautes falaises de la côte sud d'Australie. Mais le plus souvent, elles s'abattent dans une furie d'écume, poussées par les fréquentes tempêtes qui balayent cette région proche du redoutable océan Antarctique. Leur masse liquide monte alors à l'assaut des parois, et se retire en emportant quelques débris. Les vagues suivantes reprennent ces fragments rocheux, les projettent à nouveau avec puissance, et creusent davantage le bas de la falaise. Régulièrement, des pans entiers s'effondrent dans la mer. Parfois, une partie plus dure résiste, formant un piton qui s'isole au milieu des flots. Mais ses jours sont comptés. L'océan ne se fatigue jamais.

Falaises de Bonifacio
Le calcaire des falaises de Bonifacio cède moins vite à l'attaque des vagues que la fragile craie. Mais il finit par succomber, lui aussi, aux coups de boutoir infligés par la mer et par les rafales de vent qui agitent fréquemment ce détroit entre Corse et Sardaigne, comme en témoignent les blocs qui jonchent le rivage.

Falaises du Sussex
Tempête après tempête, la houle de la Manche "mange" le tombant du plateau du Sussex, au sud de l'Angleterre. La craie qui constitue ce plateau est aussi tendre que celle avec laquelle on écrit sur les tableaux d'école. C'est une proie facile pour l'océan qui la ronge à la vitesse impressionnante de 1 m par an !

Depuis 6 000 ans, les alluvions du Rhône ont construit le delta de Camargue. Les barrages et aménagements du XXe siècle ont divisé par trois ces apports. Aujourd'hui, ils ne compensent plus l'érosion des vagues. La côte recule et le village des Saintes-Maries-de-la-Mer pourrait être encerclé par les eaux !*

À Molokai, l'une des îles Hawaii, les falaises qui surplombent l'océan culminent à plus de 1 000 m. Ces falaises, parmi les plus hautes du monde, sont souvent noyées dans les nuages. Arrosées de pluies abondantes, elles sont entièrement tapissées de végétation et entaillées par une cascade de plus de 600 m.

Côtes de granite* en Corse

Le granite de la côte ouest de la Corse contraste avec la blancheur des falaises de Bonifacio. Pourtant, une centaine de kilomètres seulement sépare ces deux rivages de la même île. Ceux-ci diffèrent par la couleur mais aussi par la nature de la roche qui induit un autre tracé de la côte : dans le granite, l'érosion de la mer et du vent produit des formes arrondies, et entaille quelques petites criques le long du littoral qui s'enfonce abruptement dans la mer. Les rares plages sont couvertes de galets.

Baie de Montechiaro

Au fil des millions d'années, l'océan sculpte les côtes du monde entier dont l'extrême diversité tient à la fois de la nature des roches et de l'intensité des vagues. Ici, elles déferlent sur une falaise argileuse de la côte sud de la Sicile. La falaise friable a reculé, sauf au niveau du bloc rocheux que la mer a dégagé. Celui-ci résiste, formant un cap sur lequel se concentre l'énergie des vagues. Bientôt, le mince cordon qui le rattache à la côte sera brisé et le cap deviendra… une île !

Plages de sable blanc ou noir

Les vagues savent aussi bâtir des rivages. Au fond des baies ou à l'abri des lagons, elles perdent leur violence. Elles déposent alors en douceur les matériaux qu'elles ont arrachés à la côte et ceux que les fleuves leur ont apportés en se jetant en mer. Dans cette entreprise, elles peuvent compter sur des alliés de taille : les courants marins. Ensemble, ils transportent des quantités prodigieuses de sables ou de graviers, et édifient des plages.

La couleur de ces dernières trahit la provenance des matériaux que l'océan a transportés et accumulés sur le rivage. Le blanc signe l'usure des coraux et des calcaires en général, le rose celle des granites, le noir indique que les vagues ont transporté des laves ou des cendres volcaniques, le gris clair signale les alluvions* apportées par le fleuve.

Les vagues provoquées par les cyclones sont si violentes qu'elles peuvent détruire un récif corallien. En quelques heures, elles anéantissent des centaines d'années de construction corallienne. Certaines parviennent même à arracher du fond des blocs de plusieurs tonnes et à les poser loin sur le rivage !

Le long de l'Afrique du Sud, les vagues de l'Atlantique roulent des cailloux multicolores. Chacune de leurs teintes traduit une composition minérale différente. Arrachés à l'intérieur des terres par les pluies, déposés en mer par le fleuve Orange, ils ont été si longuement polis par les vagues qu'ils brillent comme autant de joyaux.

Perdues au milieu de l'océan

Dans les eaux chaudes des mers tropicales s'égrènent des milliers d'îles. Là, les palmiers, qui ornent les plages de sable blanc, caressent de leurs feuilles les eaux bleu turquoise des lagons. Véritables paradis terrestres, ces îles sont le résultat du travail acharné de minuscules animaux, les coraux.

Des paradis fragiles

Au cœur de l'océan Pacifique Sud, sous le soleil étincelant des tropiques, l'archipel des Tuamotu déroule sur près de 2 000 km des dizaines d'atolls. Délicate couronne corallienne, Rangiroa, "le grand ciel", est l'un d'entre eux *(photo ci-contre)*. Situé à 350 km au nord-est de Tahiti, il enserre le plus vaste lagon du monde. Sur 80 km de long et 30 km de large prolifèrent dans des eaux peu profondes algues, coquillages et poissons multicolores. Les eaux de la lagune communiquent avec l'océan par deux passes qu'empruntent raies mantas et requins au rythme des marées.

Malheureusement, les atolls, qui irisent comme autant de perles égarées toutes les eaux des océans situées de part et d'autre de l'équateur, pourraient bien disparaître de la surface du globe. La montée du niveau des mers, conséquence directe du réchauffement climatique, menace de submerger les îles les plus basses. Et les coraux, déjà fragilisés par l'élévation de la température des océans et la pollution, ne pourraient alors croître suffisamment rapidement pour maintenir à flot ces édifices si patiemment bâtis.

L'atoll Rangiroa.

Bordé de falaises de près de 200 m de haut, Rennell est le plus grand atoll surélevé du monde. Situé au sud de l'archipel de Salomon (océan Pacifique), il renferme le lac Tegano. Il s'agit en réalité de l'ancien lagon, que l'élévation des coraux, provoquée par le mouvement des plaques tectoniques, isola de l'océan.

Au large de l'Australie s'étire la plus grande structure du monde bâtie par des êtres vivants, la Grande Barrière de corail. Longue de 2 600 km et visible depuis la Lune, elle se compose de près de 3 000 îlots et récifs et abrite le plus riche et le plus coloré des écosystèmes marins.*

L'ARCHE D'ALDABRA

Classé au Patrimoine mondial de l'humanité par l'UNESCO depuis 1982, l'atoll d'Aldabra, situé au sud-ouest des Seychelles, à 400 km environ au nord de Madagascar, est l'un des plus grands atolls du monde. Il recèle une faune et une flore d'une extraordinaire diversité. Tapissé d'une épaisse couverture végétale comptant près de 200 espèces, il abrite de nombreux oiseaux, dont certains sont endémiques*, comme le râle de Cuvier d'Aldabra* (photo), *incapable de voler. Mais ce qui fait surtout la richesse et l'originalité de l'île, c'est la présence de plus de 150 000 tortues géantes terrestres, dont l'atoll, protégé des nuisances humaines, est devenu le dernier refuge.*

❶

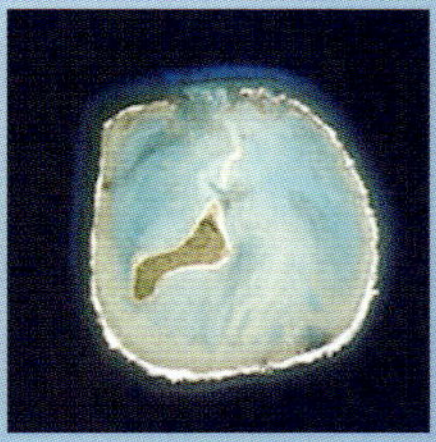
❷

❸

La formation d'un atoll

Les paysages calmes et paisibles qu'offrent les atolls ne reflètent pas leurs origines. Car ces édifices sont tous nés, un jour, de la colère d'un volcan.

Au commencement, un volcan sous-marin édifie hors de l'eau un cône de lave qui en s'éteignant devient une île. L'île ainsi formée est peu à peu colonisée par les coraux ①. Une barrière de corail, le **récif frangeant**, ponctuée de passes (brèches) par lesquelles l'eau circule, vient ceinturer le volcan. Au fil des millénaires, le volcan, victime de l'érosion et sous l'effet de son propre poids, s'enfonce peu à peu ②. Les coraux continuent de bâtir pour se maintenir à la surface et forment une structure circulaire, le **récif-barrière**, qui encercle le lagon et le volcan. Après plusieurs centaines de milliers d'années, l'île-volcan disparaît complètement sous les eaux. Il ne reste alors qu'une ceinture de corail, l'atoll, véritable rempart contre la houle du large ③.

Le corail, architecte des récifs

Les récifs coralliens doivent leur magnificence à deux micro-organismes qui, millimètre par millimètre, érigent ces surprenants jardins aquatiques. Évoluant dans les eaux claires, limpides et peu profondes, de minuscules animaux, les **polypes**, vivent en parfaite symbiose avec des algues microscopiques, les **zooxanthelles**. Chaque polype se construit un squelette calcaire dans lequel il s'abrite. Parfois, il se dédouble, donnant deux polypes jumeaux qui, à leur tour, façonnent leurs loges de calcaire, édifiant peu à peu des colonies. Les zooxanthelles, qui se développent à l'intérieur même des polypes, leur fournissent l'énergie nécessaire pour se multiplier rapidement. En quelques milliers d'années, ces êtres parviennent à ériger des récifs gigantesques de quelques dizaines à plusieurs milliers de kilomètres. Sources de nourriture autant qu'abris, les coraux sont fréquentés par des centaines d'espèces végétales et animales qui font de ces jardins aquatiques des milieux aussi riches que les forêts tropicales.

Une fois par an, quelques jours après la pleine lune de novembre, la Grande Barrière de corail est le théâtre d'un spectacle nocturne éblouissant. Des milliers de polypes libèrent de concert leurs cellules sexuelles dans la mer, qui forment vers la surface de somptueux tourbillons blancs, jaunes et rosés.

Près de 60 % des coraux sont aujourd'hui menacés par la pollution, la pêche intensive, mais aussi par le réchauffement climatique. En effet, une hausse minime de la température de l'eau suffit pour que les polypes expulsent leur algue. Privés de leur hôte, ils meurent, provoquant le blanchiment des coraux.

Lacs aux mille couleurs

Des hauts plateaux andins aux vallées désertiques d'Afrique, les lacs émaillent la surface de la Terre de paysages souvent grandioses, parfois surprenants, quelquefois inquiétants. Sources de vie ou synonymes de mort, ces vastes étendues d'eau conjuguent leurs différences dans une palette de couleurs infinie.

Le lac Turkana, au Kenya
Le contraste entre ses eaux bleu-vert et les terres arides qui l'entourent lui a valu d'être aussi nommé "mer de Jade". Il est le plus grand lac du monde en milieu désertique et fait partie des nombreux lacs qui jalonnent le Rift est-africain. La forte évaporation dont il est l'objet augmente peu à peu sa salinité (teneur en sel), faisant de lui un des lacs les plus salés de la planète. Ses eaux attirent de nombreux oiseaux migrateurs et constituent un lieu de reproduction idéal pour les crocodiles, les hippopotames, les lions, les girafes et autres mammifères. Les parcs nationaux du lac Turkana, au nombre de trois, sont inscrits au Patrimoine mondial de l'UNESCO* depuis 1997.

Le lac Baïkal, en Russie
Situé dans le sud-est de la Sibérie, ce lac collectionne les records. C'est à la fois le plus ancien, le plus profond, le plus volumineux et certainement le plus pur du monde : 25 millions d'années, 1 640 m de profondeur et 20 % des réserves d'eau douce de la planète, ce qui en fait le premier réservoir d'eau douce de la Terre. Alimenté par de nombreux cours d'eau, il s'est installé dans une zone d'effondrement de la croûte terrestre, un rift, qui écartèle, à la vitesse de 2,5 cm par an, cette région de la Sibérie, à l'image du rift qui déchire l'Afrique.

Le lac Voui, dans l'océan Pacifique
L'archipel du Vanuatu appartient à la ceinture de feu du Pacifique et connaît, de ce fait, une importante activité volcanique *(voir DVD, chap. 11)*. Sur l'île Aoba, le lac, de 2 km de diamètre, est installé dans l'une des caldeiras (cratères d'origine volcanique) qui occupent le sommet du volcan Lombenben. Ses eaux habituellement turquoise n'ont rien de paradisiaque : leur acidité extrême, liée au dégazage du volcan, interdit toute baignade !
Depuis 1990, le volcan s'est de nouveau réveillé dans le cratère du lac Voui. Emportés par les vents dominants, les gaz acides qui s'en sont échappés ont provoqué la déforestation des îlots et des bordures du lac. Ponctuée de secousses sismiques, cette reprise d'activité s'est accompagnée d'une hausse de la température du lac : en juin 1995, elle atteignait 40 °C !

Fin 2005, le volcan Lombenben au sommet duquel se trouve le lac Voui, est devenu le siège d'une intense activité volcanique. Le lac habituellement de couleur turquoise s'est subitement teinté de rouge. Ce phénomène serait dû à des réactions chimiques affectant les oxydes de fer qui tapissent le fond du lac.

Sur l'île de Java, le volcan Kawah-Idjen, le "cratère vert", est occupé par le plus grand lac acide du monde. Lorsqu'il se réveille, de l'eau acide est propulsée à plusieurs centaines de mètres de haut. Sur ses berges pourtant, des mineurs extraient sans cesse le soufre qui s'échappe des fumerolles.

La Laguna Colorada, en Bolivie
Perchée à plus de 4 000 m d'altitude dans les Andes boliviennes, la Laguna Colorada, dont la profondeur n'excède pas 35 cm, est naturellement teintée de rouge. Elle doit sa couleur à des dépôts de sédiments* et aux pigments de certaines algues qui y prolifèrent.

Le lac Natron, en Afrique
Situé au fond de la vallée du Rift, à la frontière de la Tanzanie et du Kenya, le lac Natron est teinté de rouge par la présence d'algues microscopiques, dont les flamants viennent par dizaines de milliers se délecter.
Ces végétaux ont pu se développer grâce à la présence de sel de sodium. En effet, le volcan Ol Doinyo Lengaï voisin émet des laves particulières, riches en carbonate de sodium. Les débris et particules, arrachés aux pentes du volcan par l'érosion, viennent alors se déposer au fond du lac.

LES ORGUES DE NYOS

Le 21 août 1986, au Cameroun, le lac Nyos a libéré dans une brutale explosion le gaz carbonique qu'il stockait en profondeur, provoquant la mort par asphyxie de plus de 1 700 personnes. Pour éviter qu'une telle catastrophe ne se reproduise, un système de dégazage progressif du lac a été mis en place en 2001. Un tuyau vertical relie les eaux profondes, saturées en gaz dissous, à la surface. Une pompe mécanique permet d'amorcer la remontée du liquide dans la colonne. Lorsqu'elle arrive à la surface, l'eau jaillit à 50 m de haut et dissipe les gaz en quantité inoffensive dans l'atmosphère.
Cette opération, menée par une équipe française, a été baptisée les "Orgues de Nyos".

Le volcan Kelimutu, en Indonésie
Ce volcan possède trois lacs de cratère qui arborent des couleurs différentes en fonction de la composition chimique de leurs eaux. Ces teintes changeantes sont le résultat de l'absorption par l'eau des fumerolles libérées en profondeur. Actuellement de couleur bleu turquoise, verte et noire, ils étaient il y a 50 ans bleu, rouge et marron…

Encerclé de forêts d'eucalyptus et près de la mer, le lac Hillier, en Australie, étale son étrange couleur rose pâle. Son existence reste teintée de mystère : ni algues microscopiques, ni émanation de gaz, ni minéraux ne permettent d'expliquer cette insolite coloration.

Avec 592 m de profondeur, Crater Lake est le lac le plus profond des États-Unis, le 7e du monde. Situé au nord-ouest du pays, dans l'État de l'Oregon, il occupe le cratère d'un ancien volcan. Ses eaux sont si claires que l'on peut y distinguer à l'œil nu un objet à 30 m de profondeur !

Fleuves tout-puissants

Du petit torrent de montagne au majestueux fleuve, les cours d'eau laissent leur empreinte dans tous les reliefs de la Terre. Ils entaillent des montagnes, créent de vastes plaines, et gagnent des terres sur la mer. Pour qui sait détecter les indices de leur travail, chaque paysage raconte une page du grand livre de l'histoire de la Terre.

Le fracas des chutes d'Iguaçu

2700 m de large, 82 m de haut, les chutes d'Iguaçu en imposent ! Sur place, à la frontière entre l'Argentine et le Brésil, le bruit est assourdissant. Selon la saison, 150 à 270 cascades se précipitent simultanément du haut de la falaise, formant un impressionnant mur liquide. Leur puissance est telle qu'elles projettent vers le ciel d'épaisses volutes de brume, visibles à des kilomètres, surmontées de fugitifs arcs-en-ciel. En basculant dans l'abîme, cette monstrueuse masse d'eau creuse le pied de la cascade avec une force prodigieuse.

Les cascades sont une phase spectaculaire du travail d'érosion de l'eau qui redessine constamment les reliefs de la Terre. Depuis les nuages, qui déversent chaque année 120 000 km³ de pluie, jusqu'à l'océan où elle retournera inéluctablement, l'eau laisse son empreinte partout où elle passe.

L'Amazone détient tous les records. Le plus grand bassin hydrographique (ensemble du fleuve et de ses affluents) : 7 050 000 km² ; le plus large : de 20 km à 100 km selon la crue ; il possède le plus fort débit : 150 000 m³/s en moyenne. La plus haute montée de son niveau en crue : + 12 m.

Il y a 7 000 ans, la première civilisation d'Europe est née à Lepensky Vir, près du redoutable défilé du Danube, baptisé "les Portes de Fer". Impressionnés par la fougue du fleuve, ces chasseurs en ont fait leur dieu qu'ils honoraient en sculptant d'étranges statues à tête humaine et corps de poisson.

Sculpteurs de relief

À peine arrivée au sol, la pluie se rassemble en ruisseaux dont la capacité d'érosion dépend de la pente et de la nature de la roche. Plus la pente est forte, plus les torrents arrachent de sable et de graviers, et plus ils attaquent les montagnes en les martelant avec ces matériaux. Mais, en revanche, plus les roches entre lesquelles ils coulent sont résistantes (granite*, basalte), plus le travail est difficile. Les profondes vallées des Alpes ou des Andes dominées de pics acérés ont ainsi été taillées lentement dans la roche dure par la violence des torrents chargés de graviers. Au contraire, les formes arrondies de la Cappadoce en Turquie signent l'érosion d'une roche tendre, les cendres volcaniques, que les pluies emportent facilement. Dans les terrains calcaires, c'est sous terre que les cours d'eau ont laissé leur empreinte. L'eau s'infiltre dans les fissures et y creuse des kilomètres de galeries et de grottes *(voir p. 38-39)*.

En Cappadoce, en Turquie, les pluies sculptent les cendres volcaniques tendres.

Bâtisseurs de paysages

Delta du Nil, en Égypte.

Au pied des montagnes, le torrent s'assagit en rivière et rejoint le fleuve. Moins puissant, il dépose les graviers les plus lourds et ne charrie plus que des sables et des particules (sédiments* et alluvions*). Gonflé de toutes ces rivières, le fleuve possède une énergie colossale ; il passe en force les barrières montagneuses et traverse des continents.

Mais les fleuves sont aussi de grands constructeurs de paysages. Le plus extraordinaire est le Huang He, surnommé "fleuve Jaune". Pendant des millions d'années, à chaque crue, il a déposé ses alluvions sur de vastes régions. Ainsi est née l'immense plaine, couverte aujourd'hui de champs. En Égypte, le Nil a lui aussi transformé le paysage. En déposant ses alluvions fertiles le long de ses berges, il a créé la plus grande oasis du monde : 2 000 km à travers le Sahara. Lorsqu'ils débouchent dans l'océan, les fleuves contiennent encore d'énormes quantités d'alluvions qui se déposent en mer : ils forment les deltas*. Le Bangladesh, un pays de 144 000 km² (le quart de la France), n'est qu'un delta, le plus étendu du monde, construit par la réunion de deux géants : le Gange et le Brahmapoutre *(voir aussi p. 24-25)*.

L'ÉROSION DU NIAGARA

Les célèbres chutes du Niagara se trouvent sur la rivière qui relie deux des cinq Grands Lacs américains : Érié et Ontario. En passant de l'un à l'autre, la rivière rencontre une gigantesque "marche d'escalier" de 51 m de haut. Ses eaux basculent en chutes sur 1 200 m de largeur. Chaque seconde, 2 500 m³ se précipitent et rongent le pied de l'escarpement (1). Or, celui-ci est constitué de grès, une roche peu résistante, surmonté d'une roche plus dure, la dolomie. Le grès cède sous la furie de l'attaque. La falaise se creuse (2) jusqu'à ce que son sommet ne soit plus soutenu et s'affaisse sous le poids des tonnes d'eau (3). D'énormes blocs se détachent alors et la chute recule. Ce phénomène est extrêmement rapide. On estime que les chutes du Niagara ont reculé de près de 10 km en 10 000 ans, soit environ de 1 m par an ! Quant aux chutes d'Iguaçu, elles auraient reculé de 28 km en 20 000 ans…*

Depuis les débuts de l'histoire chinoise, le fleuve Huang He a changé quinze fois de tracé ! Il est si violent qu'il détruit ses berges et se précipite à travers la brèche. Au XIXe siècle, il modifia ainsi soudain son parcours et se jeta en mer 500 km plus au nord !

Les hommes utilisent la puissance des fleuves pour faire tourner les centrales hydroélectriques. Le plus gros barrage du monde, qui vient d'être mis en service sur le fleuve Bleu en Chine, devrait produire 18 200 mégawatts, soit l'équivalent de dix réacteurs nucléaires.

Une terre chargée d'histoire

L'un des plus célèbres paysages des États-Unis se trouve au cœur du territoire Navajo. C'est au coucher du soleil que Monument Valley prend toute sa dimension mythique, lorsque les derniers rayons font rougeoyer la roche et prolongent les buttes d'ombres démesurées.

Le décor des grands westerns

Perché à 1 700 m d'altitude, Monument Valley appartient au plateau du Colorado qui réunit, sur 340 000 km^2 (pratiquement la taille de l'Allemagne), les plus beaux paysages de l'ouest des États-Unis *(voir p. 36-37)*. L'histoire de Monument Valley remonte à 570 millions d'années, lorsque la région était envahie par la mer. Elle formait alors un grand bassin où s'accumulaient les sables arrachés aux montagnes voisines. Petit à petit, les grains cimentés entre eux constituèrent une roche moyennement dure, le grès*. Puis des fleuves apportèrent des sédiments* plus fins qui recouvrirent l'ensemble d'une roche plus dure. Enfin, le sol marin fut lentement soulevé, il y a 65 millions d'années, jusque vers 2 000 m d'altitude. L'érosion des pluies et des fleuves commença à creuser de profondes crevasses dans le plateau. L'eau arracha le grès plus tendre. Seules les parties coiffées par les roches dures ont survécu : des dizaines de ces structures se dressent aujourd'hui jusqu'à 300 m au-dessus de la plaine désertique. Pitons, colonnes de grès ocre, et larges buttes au sommet rigoureusement plat (ou *mesas*), composent un paysage unique que les westerns ont immortalisé.

La terre sacrée des Indiens Navajos

Monument Valley est bien plus qu'un décor de cinéma ou un parc naturel. Pour les Indiens navajos, c'est un territoire sacré. Ce haut lieu de 120 km^2 est le centre de leur communauté estimée à plus de 200 000 membres. Rattaché à la plus grande réserve indienne (60 000 km^2, soit deux fois la Belgique), il est administré par les Navajos eux-mêmes. Dans cet espace désertique, ils ont su préserver leur langue, leurs arts et leur mode de vie basé sur l'élevage des moutons et le tissage de la laine. Le peuple Navajo s'est installé ici vers le XVIe siècle. Après avoir repoussé Mexicains et Espagnols au XVIIIe siècle, les Indiens furent chassés par les troupes américaines en 1863. Quelques années plus tard, cependant, ils obtinrent le droit de revenir. En échange, ils durent accepter de ne plus vivre en pays libre, mais dans une réserve.

Le western La chevauchée fantastique *de John Ford (1939), a fait découvrir au monde entier ce paysage qui a ensuite servi de décor à de nombreux films :* La Prisonnière du Désert, Rio Grande, Forrest Gump, Mission Impossible II, *etc.*

Deux des plus belles buttes portent les noms de deux mineurs blancs, Ernest Mitchell et James Merrick, assassinés par les Navajos. Elles rappellent les luttes sanglantes qui, au XIXe, opposèrent les Indiens et les nouveaux colons européens à la recherche d'argent.

Les Navajos appartiennent au groupe des Indiens apaches qui émigrèrent au XVe siècle du Canada. Très belliqueux, ils combattirent longtemps les autres peuples indiens avant de s'installer dans le sud-ouest des États-Unis. Empruntant chevaux et moutons aux Espagnols, ils devinrent alors des pasteurs.

La langue navajo est si complexe que, pendant la Seconde Guerre mondiale, les services secrets américains employèrent des Indiens pour traduire leurs messages les plus confidentiels avant de les transmettre à leurs troupes. Les Japonais ne réussirent jamais à les décrypter !

Les monuments de l'Ouest américain

Dans l'ouest des États-Unis s'étend un chapelet de déserts plus ou moins arides. Dépourvus de la végétation qui ailleurs masque les reliefs, ils révèlent de spectaculaires paysages aux teintes chaudes, où l'érosion des pluies et du vent sculpte chaque jour un peu plus de gigantesques monuments naturels.

Une légende raconte que les tours de **Bryce Canyon** seraient les guerriers d'une ancienne tribu indienne, les Hoodoos, qui auraient été changés en pierre. En réalité, ces aiguilles ont été découpées par les pluies mais aussi par la neige qui couvre, une partie de l'hiver, cette région située à plus de 2 500 m d'altitude. Elles emplissent une vaste cuvette de 300 m de profondeur. Leurs zébrures colorées correspondent aux couches d'argile et de grès* empilées qui constituaient l'ancien plateau dans lequel elles ont été taillées.

Badlands "Mauvaises terres", tel est le nom donné en 1742 par les explorateurs qui découvrirent ces collines sur leur route vers le Far West. « Les pentes sont raides, l'eau est rare et l'on s'y perd aisément », racontent-ils dans leur journal. Rien de bien engageant… mais le spectacle est grandiose ! Ces collines d'argile tendre ont été profondément usées par l'érosion des pluies et du gel qui les réduit chaque année de 2 à 3 cm. Beiges, jaunes, ocre ou grises, elles se succèdent par milliers. Par endroits, elles ressemblent aux tours et aux murailles d'une mystérieuse cité en ruine. Ni arbre ni plante ne peuvent s'y accrocher. En revanche, on y trouve des serpents à sonnette, des souris, des coyotes et des aigles nichant dans les à-pics.

Des parcs nationaux protègent la plupart des grands sites naturels américains. Ils canalisent les visiteurs sur des chemins et interdisent certaines zones afin d'éviter que le piétinement de la foule ne détruise ces terrains fragiles.

Les pins britlescone dressent leurs troncs noueux dans plusieurs déserts de l'Ouest. Contrairement aux apparences, ces arbres desséchés sont bien vivants. Ils ont traversé les millénaires. L'un d'eux, appelé Mathusalem, serait l'un des plus vieux arbres du monde : il atteindrait l'âge de 5100 ans !

Immense bloc de granite* de 1 000 m de haut, **El Capitan** est la plus grande falaise en un seul bloc du monde. Son impressionnante paroi se dresse à l'entrée de la vallée de Yosemite. Il y a 2 millions d'années, la vallée a été taillée par le burin redoutable des immenses glaciers dans le massif de granite de la sierra Nevada américaine. Ils y ont découpé des parois verticales que dévalent de gigantesques cascades. Les soirs d'hiver, alors que la neige tapisse les forêts qui bordent la rivière, la falaise qui rougeoie sous le soleil couchant au-dessus de la neige immaculée offre un spectacle inoubliable.

Dans les gorges de **Paria River**, ces élégantes draperies de pierre ont été ciselées par les eaux tumultueuses de la Paria, un affluent du Colorado. Leurs lignes sinueuses ocre et jaunes représentent les différentes couches de grès qui se sont empilées très régulièrement au cours des temps géologiques. Les tourbillons et les remous de la rivière ont surcreusé par endroits la roche tendre, donnant ces courbes très graphiques. Belles mais dangereuses : ces gorges, à sec la plupart du temps, peuvent être envahies par les flots en un instant ! Il suffit d'un violent orage en amont pour que la Paria River gonfle soudain et balaie tout sur son passage, noyant les visiteurs imprudents. Rares sont les privilégiés qui peuvent admirer ce fragile trésor, car pour le protéger, on a instauré un permis obligatoire. Seul un petit groupe d'une vingtaine de visiteurs est autorisé à le découvrir chaque jour.

LE CACTUS SAGUARO

Emblème du désert de Sonora, sa silhouette typique, en forme de candélabre, domine la maigre végétation de cette région du sud de l'Arizona. Avec ses 10 à 15 m de haut, ce géant est le plus grand de tous les cactus, un groupe dont les 1 600 espèces sont toutes originaires du continent américain.
Bien armé pour résister à la sécheresse, il est capable d'emmagasiner d'importantes quantités d'eau tandis que ses feuilles, réduites à des épines, sont couvertes d'une pellicule imperméable qui évite toute perte. Mais il possède surtout une immense couronne de racines qui court juste sous la surface du sol sur un diamètre de 60 m autour de lui ! Il récupère ainsi le maximum d'eau à la moindre averse.

Rainbow Bridge, dans l'ouest des États-Unis, est le plus grand pont naturel du monde. Son élégante arche s'élève à 94 m de haut. Elle change de teinte au cours de la journée, d'où son nom Rainbow qui signifie "arc-en-ciel" en anglais. Elle se reflète dans les eaux du lac Powell, une retenue artificielle créée en 1969 par un barrage sur le fleuve Colorado. La végétation clairsemée des berges du lac tranche sur l'aridité des plateaux et falaises environnants qui font partie de la vaste région désertique de l'Arizona.

Les parcs nationaux empiètent parfois sur les territoires ancestraux de certaines tribus. C'est le cas de Monument Valley qui s'étend sur la réserve des Indiens Navajo. Une partie de ce parc est donc interdite aux touristes afin de respecter la tranquillité de ce peuple.

Un crapaud survit dans le désert de Sonora. Son secret ? Rester enfoui la majeure partie de l'année et ne sortir que lors d'une rare averse. Il court alors se reproduire dans une flaque. Ses têtards se métamorphosent en 10 jours seulement, avant que la flaque s'assèche !

Merveilles souterraines

Le sud du Massif central, les collines du Kentucky aux États-Unis ou le Karst en Croatie, toutes ces régions ont un point commun : ce sont des massifs calcaires où l'eau est très rare. Pourtant, des rivières coulent à leur pied. L'eau est là, mais elle est cachée sous terre ! Dans le secret des profondeurs, elle creuse tout un monde de galeries et de grottes.

Le plus grand réseau du monde

Mammoth Cave, dans l'est des États-Unis, est le plus vaste ensemble spéléologique du monde. Il a été régulièrement visité, dès 4 000 avant notre ère, par les premiers peuples indiens qui venaient y chercher des cristaux, mais son exploration n'a réellement débuté qu'à l'aube du XIXe siècle. Plus de 550 km de tunnels, de rivières souterraines, de puits et de chambres voûtées ont été cartographiés à ce jour. Il resterait encore des centaines de kilomètres à découvrir !

L'histoire de ce labyrinthe remonte à l'ère primaire. Il y a 350 millions d'années, une mer chaude, grouillante de vie, recouvre l'est des États-Unis. Pendant 70 millions d'années, les coquilles calcaires des animaux morts tombent sur le fond et s'empilent sur 200 m d'épaisseur. Puis les mouvements tectoniques soulèvent le futur plateau calcaire hors de l'eau et le fissurent. Les pluies entrent alors en action ; leur eau légèrement acide agrandit les fissures, creusant des rigoles qui se poursuivent par des galeries sous terre. Elles se rassemblent en ruisseaux et convergent vers la rivière principale, Green River. Parfois, elles tourbillonnent, creusant des cavités. Ainsi se forme, peu à peu, le réseau complexe de Mammoth Cave, avec ses milliers de galeries, de tunnels et de grottes, que l'on appelle un karst.

FRAGILES STALACTITES

Les grottes de Choranche, dans le Vercors (Alpes), sont uniques en Europe pour leurs fistuleuses, de délicates stalactites de 4 mm de diamètre suspendues par milliers. Ce sont de minces tubes creux dans lesquels l'eau coule goutte à goutte. Un souffle violent peut les briser. La moindre impureté dans l'eau peut boucher l'orifice. Dans ce cas, l'eau passe à l'extérieur du tube qui s'épaissit et se transforme en classique stalactite. Il est donc rare de pouvoir admirer une telle profusion de fistuleuses. Elles se reflètent ici à la surface de la rivière souterraine.

La grande salle de l'Aven Armand, au sud du Massif central, mesure 110 m de long et 60 m de large. Elle pourrait contenir la cathédrale Notre-Dame de Paris ! L'une des stalagmites qui l'ornent atteint 30 m : c'est la plus haute du monde.

En janvier 2007, dans le gouffre de Krubera Voronia en Géorgie, des spéléologues tchèques, russes et slovaques sont descendus à la plus grande profondeur jamais atteinte dans les entrailles de la Terre : 2 170 m. Ils ont pulvérisé l'ancien record en réussissant à franchir de nouveaux passages envahis par l'eau.

Richement ornées...

Si Mammoth Cave est spectaculaire par ses dimensions, d'autres réseaux souterrains le sont par leurs décorations de colonnades ou de draperies, notamment les grottes du sud du Massif central, celles des Alpes ou du Karst en Croatie. Car l'eau qui circule dans ces réseaux est riche en calcaire dissous, contrairement à celle de Green River. En percolant goutte à goutte à travers le plafond des grottes, elle dépose ce calcaire *(voir p. 70-71)*, et construit des colonnades. Les stalactites pendent du plafond, les stalagmites montent du sol. Lorsque la voûte de la grotte est inclinée, l'eau glisse en se frayant un chemin entre les aspérités et abandonne son calcaire le long de ce chemin sinueux, créant de longues draperies de pierre.

Ce puits de lumière, ou cénote, se trouve dans la région du Yucatán au Mexique.

... ou remplies d'eau

Dans le vieux plateau de Nullarbor, au sud de l'Australie, comme dans la région du Yucatán au Mexique, un autre spectacle attend le visiteur : des galeries et des cavernes emplies d'eau cristalline. À chaque site sa particularité. Nullarbor recèle l'un des plus grands réseaux noyés du monde, dans lequel les spéléologues ont réussi à explorer en plongée 10 km de tunnels et de siphons engloutis. Quant au Yucatán, son originalité vient de ce que le plafond des anciennes grottes s'est effondré, révélant l'eau souterraine. Dans ces puits, ou **cénotes**, qui s'ouvrent à l'air libre en pleine forêt, la lumière du soleil éclaire une eau si transparente que les plongeurs ont l'étrange impression de flotter dans le vide !

Draperies et stalactites dans la grotte des Demoiselles, dans le Languedoc (France).

Le peuple souterrain

Les cavernes hébergent deux catégories d'animaux : ceux qui viennent s'y abriter et ceux qui y vivent en permanence. Tandis que les hirondelles des cavernes y dorment la nuit et chassent dehors le jour, les chauves-souris font l'inverse. Les vrais habitants, eux, n'en sortent jamais. Ils résistent aux conditions difficiles de ce milieu sans lumière ni végétation, où les proies sont rares et la température constante. Ce sont de petits insectes, des araignées, des crustacés, des escargots ou des poissons. Ils sont souvent aveugles et peu colorés. Le plus étrange est le protée des grottes de Slovénie *(photo)*, surnommé "dragon des cavernes". Car ce batracien aveugle, de 25 cm de long, conserve des branchies rouges et un corps de jeune toute sa vie, contrairement au têtard qui les échange contre des poumons et un corps de grenouille en devenant adulte. Il passe donc son existence dans l'eau.

Les hommes préhistoriques se sont abrités dans les grottes les plus accessibles. Les débris et ossements, que l'on retrouve ensevelis dans le sol des cavernes, racontent leur histoire. À Choranche, celle-ci commence il y a 70 000 ans, avec l'homme de Neandertal dont on a retrouvé les outils de pierre taillée.

En analysant les stalagmites, les chercheurs retracent le climat des derniers milliers d'années. Plus ils descendent le long de la stalagmite, plus ils remontent dans le temps. La nature du dépôt calcaire donne la température et la pluviosité de l'époque. Les pollens piégés dans la roche témoignent de la végétation, donc du climat.

La forêt de pierre

Une immense citadelle de pierre se dresse dans le nord de l'île de Madagascar. Derrière ses hautes murailles se cache un dédale d'arêtes de pierre, brûlantes et arides comme le désert, qui enserrent des îlots de verdure. Là vivent les plus étonnants animaux de l'île.

Madagascar possède deux Tsingy : l'Ankarana (25 000 ha) et le Bemaraha (150 000 ha). Ces sites sont uniques, à la fois par leur histoire géologique et par la richesse de leur faune et de leur flore. Ils sont protégés par des réserves naturelles.

Loin dans les profondeurs de l'Ankarana, les rivières ont creusé un réseau de souterrains de plus de 100 km de long. Certaines grottes, fermées aux étrangers, abritent les sépultures des anciens rois antakarana, l'une des nombreuses ethnies malgaches.

Entouré de falaises qui surplombent la savane sur 200 m de hauteur, l'Ankarana est inaccessible, sauf pour les grimpeurs chevronnés. Heureusement, quelques passes percées par les rivières permettent d'accéder au sommet, d'où l'on découvre les éperons calcaires qui hérissent le massif à perte de vue!

Née sous la mer

Il y a 170 millions d'années, la partie nord de Madagascar se trouvait sous la mer, couverte d'un récif corallien. Pendant des millions d'années, les coraux y ont grandi dans les eaux chaudes de l'océan Indien. Ils ont formé un vaste massif calcaire de plusieurs centaines de mètres de haut: **le Tsingy de l'Ankarana.**

Puis l'île a été soulevée au-dessus de la mer, poussée par les gigantesques mouvements de la croûte terrestre qui écartent les continents et érigent les montagnes. Emportés hors de l'eau, les coraux sont morts. Le massif corallien est devenu un vaste plateau dénudé. Mais son histoire ne s'arrête pas là. Le plateau a par la suite subi les assauts des pluies tropicales. Or l'eau de pluie, légèrement acide, attaque le calcaire. Pluie après pluie, elle a dissous la roche, creusant de petites rigoles qui se sont transformées en profonds sillons. Aujourd'hui, ces fissures découpent l'Ankarana en une infinité de hautes lames de pierre, isolant des pitons rocheux qui se dressent, tels les arbres d'une forêt de pierre!

Les dernières forêts primitives

Pas un arbre, pas une plante ne résiste sur ces aiguilles de pierre brûlées par le soleil. Mais, par endroits, les rivières ont creusé de profonds canyons où se sont développées d'étonnantes forêts dont les arbres et les lianes entretiennent une agréable fraîcheur. À l'abri du soleil implacable et arrosées par les cours d'eau souterrains de l'Ankarana, ces forêts primitives n'ont pas changé car leur isolement les a protégées du feu et de la hache. Elles recèlent des animaux qui sont devenus rares partout ailleurs sur l'île: des lémuriens, lointains cousins des singes qui ne vivent qu'à Madagascar, des caméléons, sorte de lézards dont les yeux peuvent regarder en même temps l'un devant et l'autre derrière! Boas, oiseaux, crocodiles, toutes sortes d'animaux ont trouvé refuge dans cette fabuleuse "Arche de Noé" naturelle.

Le caméléon se déplace lentement, mais il projette à une vitesse fulgurante sa longue langue pour capturer les insectes.

Sur les parois des grottes creusées par les rivières, on a récemment découvert des fossiles de coraux aux formes caractéristiques. Ils prouvent que l'Ankarana est bien un ancien massif corallien qui s'est formé sous la mer.

Les arêtes de calcaire fines et sèches de l'Ankarana tintent d'un joli "tsing!" lorsqu'on les frappe du doigt, d'où le nom de Tsingy que les Malgaches ont donné à ce massif.

Monstres de glace

La haute muraille se reflète dans les eaux sombres des canaux de Patagonie. Soudain, un énorme pan du glacier s'effondre sur lui-même avec une détonation sourde. Il libère d'énormes blocs gelés enveloppés d'une pluie de glaçons qui s'éparpillent à la surface de l'eau. Ici, à l'extrême sud de l'Amérique du Sud, la vie est dominée par les glaciers. Sur terre comme en mer, car la Patagonie est, avec les zones polaires, l'une des rares régions du monde où ils atteignent les rivages.

Survivants de l'ère glaciaire

À cheval entre le sud de l'Argentine et le Chili, Hielo Continental est la plus grande étendue de glace continentale au monde, après l'Antarctique et le Groenland. Sur 16 500 km² (deux fois la Corse), elle est l'héritière de l'épais manteau de glace, ou "calotte* glaciaire" qui recouvrait toute la pointe de l'Amérique du Sud, il y a 20 000 ans, alors que la Terre connaissait sa dernière période glaciaire. Hielo Continental alimente aujourd'hui la cinquantaine de glaciers qui descendent des sommets des Andes. Certains se jettent dans des lacs, tels le spectaculaire Perito Moreno *(ci-dessous)* ou le glacier Upsala, le plus vaste de la région (800 km²). D'autres atteignent les côtes, et débouchent dans les canaux de Patagonie. Tous ces fleuves de glace ont profondément marqué le paysage, creusant de grandes vallées *(voir schéma)* et découpant la côte en un impressionnant labyrinthe de fjords et canaux *(voir p. 44-45)*.

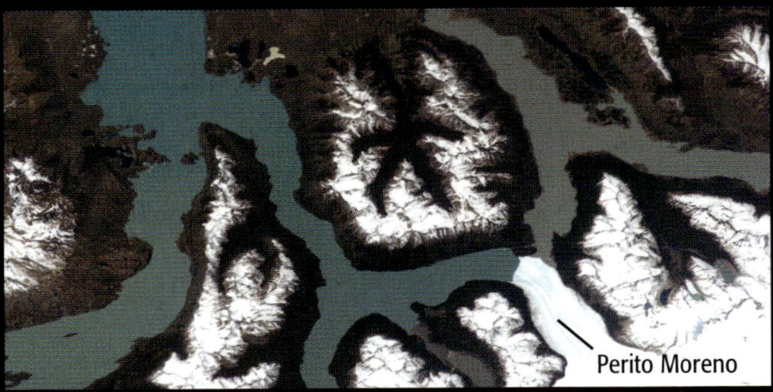

Les glaces couvrent 10 % des terres émergées. Réparties entre les glaciers de montagne et les calottes polaires de l'Antarctique et du Groenland, elles représentent au total 33 millions de km³. Si toute cette glace fondait, le niveau des mers remonterait de 70 à 80 m.

L'Antarctique détient tous les records : il contient le plus gros volume de glace continentale (90 % des glaces de la planète) ; le glacier Shirase glisse le plus rapidement vers la mer à la vitesse de 2 km/an ; le glacier Lambert est le plus long, avec ses 400 km.

Les rabots des montages

Les glaciers sont, avec les rivières, les grands sculpteurs des montagnes. Leur long travail commence sur les cimes où la neige s'empile, se tasse, et se transforme en glace qui s'accumule dans les creux ❶. Cette glace compacte est dure et lourde. Entraînée par son poids, elle glisse lentement sur les flancs de la montagne. Comme un gigantesque rabot de menuisier, elle racle le sol au passage. Sa masse formidable arrache de la poussière de roche et des pierres de chaque côté en longues bandes sombres appelées "moraines latérales" ❷. Mais, contrairement aux rivières qui creusent au centre, donnant une "vallée en V" ❸, le glacier érode sur toute sa largeur et donne une "vallée en U" ❹.

Lorsque le climat de la Terre se réchauffe, la langue de glace recule et abandonne les roches et le sable qu'elle transportait. Ces dépôts, ou "moraines frontales anciennes" ❺, barrent parfois la vallée. Ils retiennent alors l'eau de fonte et donnent naissance à un lac ❻. Pendant toute la vie du glacier, la glace qui s'accumule au sommet agrandit sans cesse la cavité d'origine, en gigantesques gradins qui forment un "cirque glaciaire" ❼.

Vallée en U creusée par le Perito Moreno.

Aux portes de l'Antarctique

La surface blanche des glaciers renvoie la plupart des rayons du soleil qui ne peuvent réchauffer le sol ; leur masse refroidit l'air ; leur eau, en fondant, glace la mer. Les canaux de Patagonie au climat rude sont le royaume des animaux du froid qui sont les mieux armés pour y vivre : ils accueillent des otaries à fourrure et plusieurs espèces de manchots, dont le manchot de Magellan *(ci-contre)* qui s'y rassemble en grandes colonies. Sous l'eau, c'est le monde du gigantisme, car les espèces des eaux froides sont souvent plus grandes que celles des eaux chaudes. Ici, les algues atteignent 30 m de haut et forment de hautes forêts, les moules mesurent 20 cm et les araignées de mer font plus de 1 m d'envergure ! Mais au pied des glaciers, rien de tout cela. Car les icebergs qui s'en détachent rabotent le fond de la mer, creusent des sillons et arrachent tout sur leur passage.

Tous les glaciers fondent. Depuis 1850, ils auraient diminué de moitié dans les Alpes. Leur fonte s'est accélérée dans les années 1990, au point qu'ils pourraient disparaître d'ici à 100 ans. Quant au glacier mythique du Kilimandjaro, déjà réduit de 80 %, il aura totalement fondu avant 2020...

La première traversée du Hielo Continental n'a été réalisée qu'en 1982 par une équipe de 4 alpinistes français, dont l'explorateur Jean-Louis Étienne. Il leur a fallu 10 jours de marche pour le parcourir, depuis un fjord du versant pacifique à l'ouest jusqu'au lac Argentino à l'est.

Somptueux fjords

Une succession de fjords d'une beauté à couper le souffle entaille la côte de la Norvège. Sculptés par les gigantesques glaciers de l'ère quaternaire, ils offrent le spectacle d'une nature sauvage entre forêts denses et neiges éternelles.

Un chenal bien abrité

La mer est parfaitement calme entre les falaises boisées. Soudain, une série de souffles sonores déchire l'air : une troupe d'orques pénètre dans le Tys fjord, qui s'ouvre au nord de la Norvège. Chaque automne, ils reviennent, attirés par les harengs dont ils vont se nourrir tout l'hiver. Bien à l'abri entre les parois des falaises vertigineuses, on a du mal à imaginer qu'au-dehors le vent souffle en tempête ! Car le fjord, long et étroit, s'enfonce loin dans les terres, et se ramifie en plusieurs branches dominées par les neiges éternelles des cimes voisines.

Fils des glaciers

Vue du ciel, la côte de la Norvège est une succession de fjords, longs rubans sombres entre lesquels zigzaguent des promontoires couverts de forêts. Ce littoral, parmi les plus déchiquetés du monde, est l'œuvre des glaciers qui l'ont entaillé à la fin de l'ère quaternaire. Un énorme manteau de glace recouvrait alors l'Europe du Nord. Les océans furent privés de ce formidable volume d'eau (transformé en glace), et le niveau des mers se trouvait 100 m plus bas. Les grands glaciers qui s'écoulaient vers les côtes ont alors d'immenses vallées. Lorsque le climat s'est radouci, faisant fondre les glaces, la mer est remontée et a envahi ces vallées, les transformant en fjords.

Noyé sous les pluies

On rencontre ce type de reliefs au Canada, en Alaska, au Groenland, au Chili et en Nouvelle-Zélande. Les fjords du sud de la Nouvelle-Zélande se situent dans la région la plus arrosée du monde : il y tombe 7,25 m de pluie chaque année ! Sur les falaises, les cascades se jettent dans la mer sur des centaines de mètres de hauteur. Sur les versants moins escarpés, les torrents entretiennent des forêts de hêtres et de fougères hautes comme des arbres ! Toutes ces pluies s'accumulent en une couche d'eau douce, donc plus légère que l'eau de mer salée, qui flotte à la surface des fjords sans jamais se mélanger : aucune vague ne vient, en effet, brasser la mer et rompre ce fragile équilibre propre aux fjords...

La Norvège compte 2 600 km de côtes, mais, en réalité, si l'on suit précisément le tracé sinueux de chaque fjord, elle totalise un littoral de plus de 20 000 km, soit la moitié de la circonférence de la Terre !

Le plus grand fjord du monde se trouve en Norvège. C'est le Sognefjord avec 183 km de long, 1 250 m de profondeur et des falaises qui s'élèvent à près de 1 500 m au-dessus de la surface. Si on l'asséchait, il deviendrait une étroite vallée plus profonde que le Grand Canyon des États-Unis !

En vieux norvégien, fjord signifie "chenal". Il désignait ces vallées typiques. Les fjords norvégiens devinrent si célèbres que ce mot fut universellement employé. Si bien que, lorsqu'ils découvrirent la côte sud-ouest de la Nouvelle-Zélande, les Européens la baptisèrent Fiordland, "pays des fjords".

Geirangerfjord et les trois Naerofjord sont les fjords les plus spectaculaires et les mieux préservés de Norvège. Ils ont été classés Sites du Patrimoine mondial de l'Humanité en 2005 par l'UNESCO qui reconnaît ainsi leur valeur unique et demande à la Norvège de tout faire pour les préserver.*

Un univers de glace

Arctique et Antarctique, royaumes des glaces par excellence, sont les régions les plus froides et les plus sèches de la planète. Froid intense, vents violents, neiges et glaces à perte de vue... De part et d'autre du globe, tout est blanc. Terriblement blanc.

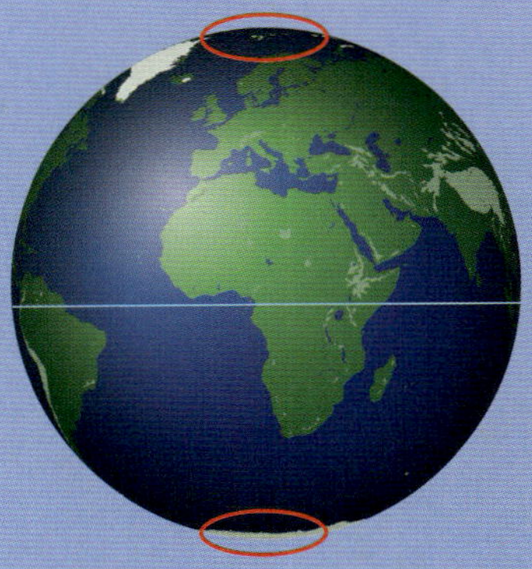

Un continent hors normes

Le pôle Sud est occupé par le continent le plus extrême de la planète, l'Antarctique. Isolé du reste du monde par des milliers de kilomètres d'océan, il couvre une superficie qui dépasse vingt-huit fois celle de la France : 14 millions de km^2 ! Plus de 98 % de sa surface disparaissent sous un manteau de glace, **l'inlandsis**, épais en moyenne de 2 300 m, mais pouvant atteindre, par endroits, près de 5 000 m. Protégées par les montagnes – la plus haute, le mont Vinson, culmine à 4 897 m –, de rares vallées asséchées par des vents violents échappent à l'emprise de cette chape de glace.

Au cœur de ces terres règne une aridité extrême. Aucune forme de vie ne peut s'y maintenir. Les précipitations sont deux fois moins importantes que celles des déserts les plus chauds ! Les chutes de neige – à peine 10 cm par an, soit moins de 50 mm d'eau – s'accumulent et se transforment en glace. Pendant l'hiver, la température moyenne frôle les – 60 °C, avec des records à – 89 °C !

Les côtes bénéficient de températures plus clémentes, mais elles sont balayées par des vents d'une force inouïe, pouvant atteindre 300 km/h. Durant le court été austral, la nature semble malgré tout vouloir reprendre ses droits. Quelques rivages émergent de la glace, transformant alors pendant 3 mois cet univers hostile en une terre d'accueil pour des milliers d'animaux marins (manchots, phoques, léopards de mer, éléphants de mer, oiseaux de mer, etc.) qui viennent y mettre bas ou couver leurs œufs.

La glace des calottes polaires permet de retracer l'histoire du climat sur plus de 800 000 ans ! L'étude des particules, poussières et bulles d'air qu'elle renferme renseigne sur les conditions climatiques, la composition de l'atmosphère ou les éruptions volcaniques passées.

En 2000 dans l'Antarctique, le plus gros iceberg jamais détecté s'est détaché de la barrière de Ross. Il mesurait 11 000 km^2 (plus grand que la Corse) et s'est disloqué en plusieurs morceaux dont le plus imposant mesurait 160 km de long et 20 à 30 km de large !

Le pôle Nord est recouvert par la banquise qui diminue d'années en années à cause du réchauffement climatique.

Le monde mouvant de l'Arctique

Contrairement au pôle Sud, le pôle Nord n'est recouvert d'aucune terre. Il est occupé par l'océan Glacial Arctique dont la surface gelée forme **la banquise**. Les précipitations sont peu abondantes – 150 mm par an en moyenne – et les températures sont moins extrêmes que celles de l'Antarctique : – 40 °C en hiver. L'été, le thermomètre peut grimper à 10 °C.

Au centre de l'océan, la banquise est permanente, et la glace salée qui la compose peut mesurer jusqu'à 5 m d'épaisseur. En hiver, une banquise saisonnière, **le pack**, vient l'entourer et s'épaissit lentement pour atteindre environ 2 m. Le printemps venu, elle se disloque, formant de grands radeaux, **les *floes***, qui dérivent et s'entrechoquent, mus par les vents et les courants.

L'océan Glacial Arctique et le nord des territoires qui l'entourent (Groenland, extrême nord du Canada, de l'Alaska, de l'Asie et de l'Europe) forment **la région arctique**. Ces terres sont recouvertes de glaciers qui, en se jetant dans la mer, libèrent chaque année des milliers d'icebergs qui viennent se mêler au monde en perpétuel mouvement de la banquise. Les terres qui échappent à l'emprise de ces glaces sont occupées par la toundra. Ces immenses plaines abritent lichens, mousses et petits arbustes sur un sol qui demeure toute l'année gelé, sur plus de 600 m de profondeur parfois, **le pergélisol**.

Les peuples du Grand Nord

En Antarctique, aucune population humaine permanente ne s'est jamais installée. Seuls des scientifiques de tous pays viennent y séjourner. En revanche, les peuples de l'Arctique – Inuits, Lapons, Iakouts, Samoyèdes, etc. – ont su s'adapter aux conditions de vie extrêmement rudes du Grand Nord depuis plus de 10 000 ans. Les Inuits, qui vivent au Groenland, en Alaska et au Canada, constituent le groupe le plus important. Autrefois nomades, ils se déplaçaient au gré des saisons pour pêcher et chasser le phoque, la baleine ou le caribou. Aujourd'hui, la plupart sont sédentaires et travaillent dans des secteurs aussi variés que le pétrole, la construction ou l'administration.

SOLEIL DE MINUIT ET NUIT POLAIRE

La Terre, inclinée sur son axe, change de position au fil des saisons. L'été, le pôle Nord est dirigé vers le soleil et reçoit continuellement ses rayons rasants. L'hiver, c'est l'inverse : le soleil ne se lève jamais. La nuit polaire, qui dure 24 h au niveau du cercle polaire arctique, augmente avec la latitude pour atteindre 6 mois au niveau du pôle. Au même moment à l'autre bout du globe, le soleil ne se couche pas : il frôle l'horizon avant de remonter dans le ciel.

En 2002, à bord d'une capsule de 9 m³, le médecin français Jean-Louis Étienne s'est laissé dériver pendant 3 mois sur la banquise arctique ! Le but de l'opération ? Réaliser des mesures scientifiques mais surtout, sensibiliser le public sur la régression de la banquise liée au réchauffement climatique.

Présents dans le nord de l'Amérique depuis environ 5 000 ans, les Inuits ont dû attendre le 1er avril 1999 pour avoir leur propre territoire. Baptisé Nunavut "Notre Terre", il est le plus récent et le plus grand des territoires canadiens.

Le mystère des aurores polaires

Montant du fond de l'horizon, des lueurs jaune-vert embrasent certains soirs le ciel des régions polaires. Elles s'étirent en longs nuages effilochés qui ondulent lentement. Ces draperies de lumière semblent surnaturelles, elles impressionnent par leur ampleur et par le silence total qui les accompagne…

Des lueurs surnaturelles

Il y a près de 5 000 ans, les astronomes chinois consignaient déjà les aurores polaires dans leurs registres. Plus tard, les auteurs grecs et latins parlaient de "déchirures du ciel nocturne derrière lesquelles on voit des flammes". Dans le Grand Nord, les draperies évanescentes alimentaient les légendes. Pour certains Esquimaux, elles représentaient les esprits des morts ; pour d'autres, elles provenaient du "grand feu créateur de la Terre" qu'ils plaçaient… au pôle Nord !

Au XVIIe siècle, l'astronome Galilée les baptise "aurores boréales". Mais personne n'avait encore percé leur mystère. On nota seulement qu'elles survenaient lorsque l'activité du soleil était très forte. Au début du XXe siècle, un savant norvégien réussit à recréer le même phénomène en laboratoire : il bombarda une boule aimantée (comme l'aiguille d'une boussole) avec des électrons (particules composant les atomes). Aussitôt, un halo lumineux apparut !

Une légende des peuples du Grand Nord raconte que des fleurs poussent au fond de nos yeux. À notre mort, lorsque les yeux se ferment définitivement, les fleurs s'envolent dans le ciel et viennent illuminer les vivants sous forme d'aurores boréales…

Les aurores portent un nom différent selon l'hémisphère dans lequel elles se produisent. On parle "d'aurore boréale" au nord, et "d'aurore australe" au sud. Grâce aux satellites qui observent l'ensemble du globe à la fois, on a pu photographier simultanément les aurores aux deux extrémités de la planète.

Filles du Soleil...

Chaque fois que le Soleil entre dans une période de forte activité, il se produit de violentes éruptions qui envoient d'énormes quantités de particules dans l'espace : celles-ci se déplacent à des milliers de kilomètres par seconde et constituent le vent solaire. Arrivées près de la Terre, elles sont attirées par le champ magnétique terrestre* et se dirigent vers les pôles. Là, elles pénètrent dans la haute atmosphère où, entre 100 et 300 km d'altitude, elles percutent les gaz qu'elles rencontrent : oxygène et azote. Ces chocs produisent de la lumière, chaque gaz émettant une couleur différente : jaune-vert pour l'oxygène, rouge pour l'azote. Les milliards d'éclairs lumineux produits par les milliards de chocs entre particules et gaz forment les voiles de l'aurore polaire. Plus le vent solaire est fort, plus l'aurore est intense.

... et du froid

Les aurores se produisent simultanément aux deux pôles de notre globe. Leur durée varie de 10 min à plusieurs heures. C'est par temps clair, pleine lune et loin de la lumière des villes que les conditions sont les meilleures. Les aurores les plus spectaculaires sont visibles au niveau du cercle polaire, entre 65 ° et 75 ° de latitude : au nord, sur les côtes de la Scandinavie, du Groenland, de l'Alaska ou de la Sibérie ; au sud, tout autour du continent antarctique où se trouvent les stations scientifiques qui les étudient.

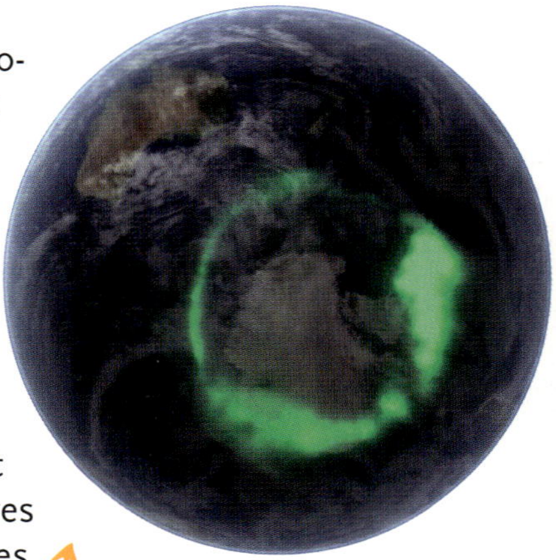

Aurore australe vue de l'espace.

La première aurore australe fut observée en 1773 par le grand navigateur anglais James Cook alors qu'il découvrait les parages de l'Antarctique. À cette époque, on pensait qu'elles étaient dues au reflet du soleil sur la glace.

Lorsque l'activité solaire est particulièrement intense, on peut voir des aurores boréales jusqu'en France et même plus au sud. Des observations records ont été faites à Bombay (Inde), en février 1872, et à Mexico en septembre 1957.

Les entrailles de la Terre se dévoilent

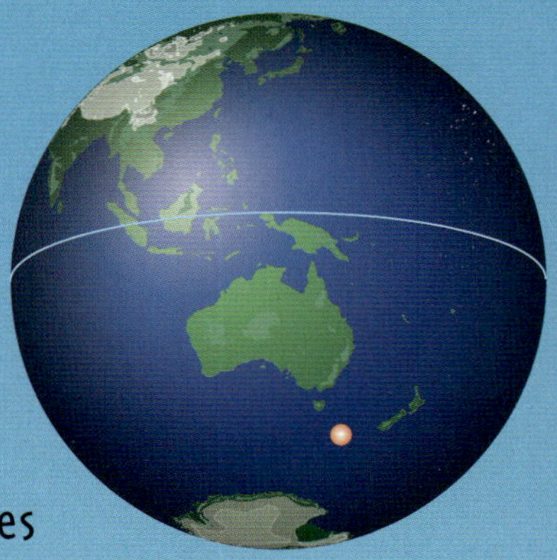

Lors de sa formation il y a 4,5 milliards d'années, la Terre était une boule de roches brûlantes. Peu à peu, elle s'est refroidie et des couches de nature différente sont apparues. Mais la chaleur intense qui règne encore dans ses entrailles fait de notre planète un astre en perpétuelle activité.

L'île Macquarie

Petite île australe de 34 km de long sur 5 km de large, l'île Macquarie est située à 1500 km de la Tasmanie, à mi-chemin entre l'Antarctique et la Nouvelle-Zélande. Elle a commencé à se former il y a 11 à 30 millions d'années et continue aujourd'hui encore de grandir. Constamment ébranlée par une importante activité sismique, l'île marque l'endroit où le plancher océanique se soulève, conséquence du plongeon de la plaque pacifique sous la plaque indo-australienne.

Modelée par les vents violents, les pluies incessantes, le gel et les vagues, cette longue langue de terre constitue un trésor unique pour les géologues : c'est le seul endroit au monde où le manteau terrestre, habituellement localisé à 6 km en dessous de la croûte océanique, émerge à la surface de l'océan. Des colonnes de lave de 1 m de diamètre, résultant du refroidissement rapide du magma lorsqu'il remonte à la surface, des basaltes en coussin (forme caractéristique des laves qui se déversent au fond des océans), et d'autres roches en provenance du manteau s'épanchent par les fractures qui jalonnent l'île. Grâce à ces éléments, les scientifiques connaissent un peu mieux la composition des entrailles de notre Terre.

Grâce aux données satellitaires et sismiques, les scientifiques déterminent la vitesse et la trajectoire des plaques. Dans quelques millions d'années, la Méditerranée aura disparu, l'Australie entrera en collision avec les îles de la Sonde tandis que l'Himalaya continuera de grandir.

Le pourtour de l'océan Pacifique est constellé de centaines de volcans actifs, résultat du plongeon de la plaque pacifique sous d'autres plaques. L'importance des phénomènes volcaniques et sismiques qui s'y déroulent lui a d'ailleurs valu le nom de "ceinture de feu du Pacifique".

La structure de la Terre

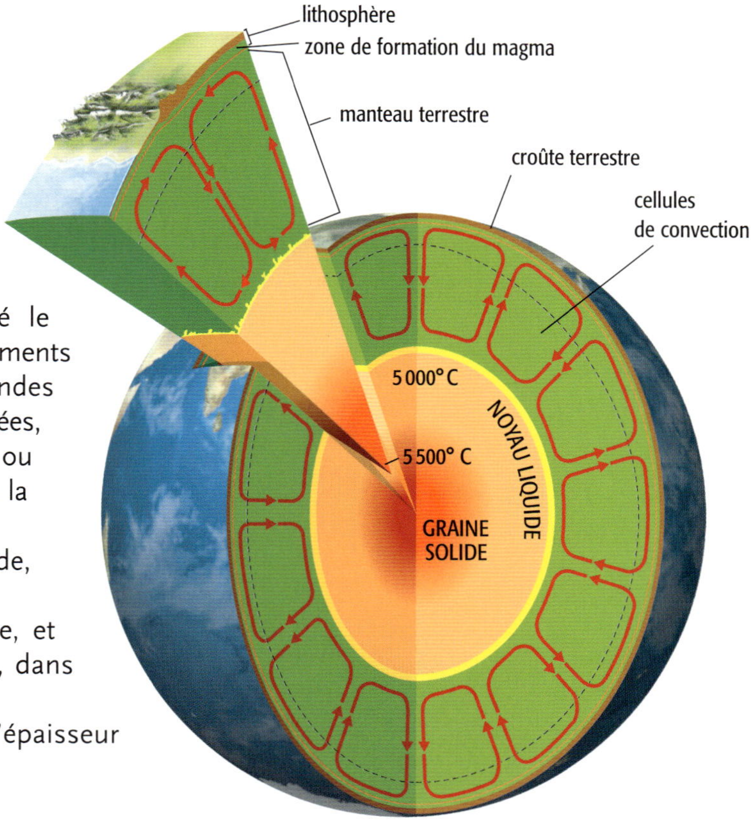

Le centre de la Terre est situé à 6 370 km sous nos pieds. Les données fournies par l'île Macquarie ou bien les forages réalisés aux quatre coins du monde par l'homme à la recherche de pétrole ou de gaz sont bien sûr insuffisants pour connaître la structure de la Terre. Pour la déterminer, les scientifiques ont étudié le comportement des ondes sismiques lors des tremblements de terre. En effet, la vitesse de propagation des ondes varie en fonction de la composition des roches traversées, de leur température et de leur état (solide, liquide ou visqueux). Les chercheurs ont ainsi pu établir que la Terre se décompose en trois couches :

- **le noyau** au centre, formé d'une graine solide, elle-même entourée d'une enveloppe liquide ;
- **le manteau**, rigide dans sa partie inférieure, et globalement visqueux, c'est-à-dire épais et pâteux, dans sa partie supérieure ;
- **la croûte terrestre**, rigide et fine, dont l'épaisseur moyenne est de 30 km.

La valse des plaques tectoniques

À mesure que l'on s'enfonce dans les profondeurs de la Terre, la température augmente. En son centre, elle atteint 5 500 °C. Cette chaleur met en mouvement la portion visqueuse du manteau. Les roches chaudes remontent vers la surface. À l'approche de la croûte terrestre, elles se refroidissent puis redescendent, dessinant ainsi de larges mouvements circulaires, les **cellules de convection**. Sur ce magma en mouvement repose la **lithosphère**. Composée de la partie supérieure du manteau et de la croûte terrestre, la lithosphère se divise en grandes plaques dites **"tectoniques"**. Comme de gigantesques radeaux, celles-ci s'écartent, se rapprochent, coulissent l'une contre l'autre, entraînées par les courants de convection. Ces déplacements sont responsables des séismes, des éruptions volcaniques et du soulèvement des chaînes de montagnes.

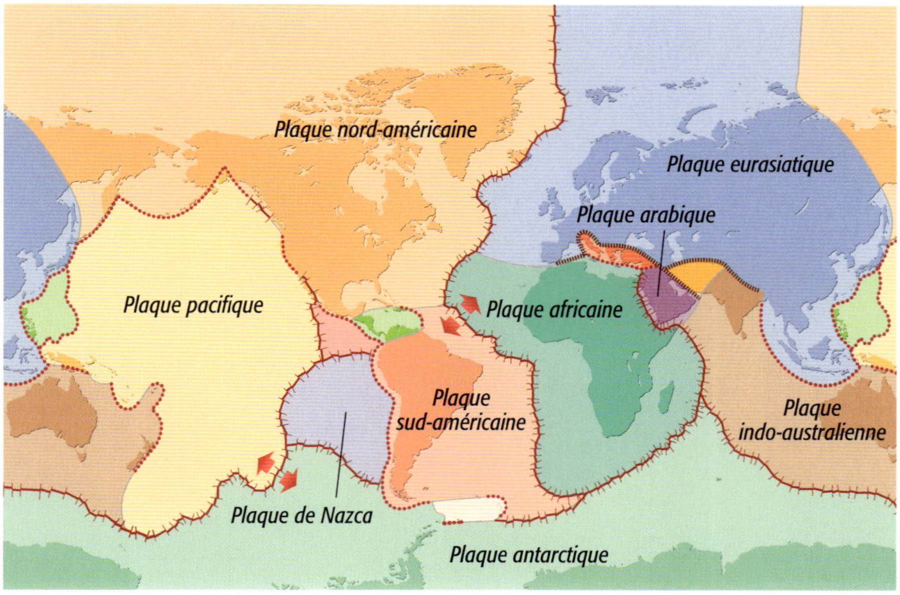

En 1912, le météorologue allemand Alfred Wegener remarque que l'Afrique et l'Amérique du Sud s'emboîtent comme les pièces d'un puzzle. Il émet l'hypothèse que ces deux continents n'en formaient qu'un dans le passé, et qu'ils se seraient ensuite déplacés. La théorie de la dérive des continents vient de naître.

Dans son roman Voyage au centre de la Terre *(1864), Jules Verne relate le voyage entrepris par un savant, son neveu et leur guide à partir du volcan islandais Sneffels, en direction du centre de la Terre. Comme dans beaucoup de ses écrits, il mélange habilement données scientifiques et fiction.*

L'Everest, le toit du monde

Né du choc titanesque de l'Inde contre l'Asie il y a 45 millions d'années, l'Himalaya est la plus haute et la plus grande chaîne de montagnes de la planète. Dans ce monde de la démesure, les sommets les plus imposants s'élèvent à plus de 8 000 m d'altitude et semblent caresser le ciel de leurs neiges éternelles.

Entre terre et ciel

Majestueuse et imposante, la chaîne de l'Himalaya s'étend sur 2 500 km d'est en ouest, entre les plaines humides de l'Inde et les hauts plateaux secs de la Chine. Comme une forteresse inaccessible, elle dresse vers le ciel, en des pics acérés ponctués de parois vertigineuses et de gorges profondes, ses cimes couvertes de neige, dont plusieurs centaines dépassent, dans la partie centrale de la chaîne, les 6 000 m d'altitude.

Dans ce dédale de crêtes et d'arêtes, à la frontière entre le Népal et le Tibet, se dresse la plus haute montagne du globe. Son sommet, en forme de pyramide, semble dominer le reste du monde de ses 8 850 m, près de deux fois la hauteur du mont Blanc !

Records au sommet

L'Everest est le siège de conditions climatiques extrêmes : vents violents soufflant à 250 km/h, températures glaciales, manque d'oxygène... Plus on grimpe en altitude, plus l'air se raréfie. À 5 000 m d'altitude, la quantité d'oxygène dans l'air est déjà deux fois moins importante qu'au niveau de la mer. À cette hauteur, l'air absorbe moins les rayons et la chaleur du soleil. Le rayonnement solaire brûle les yeux et les températures ne cessent de chuter. Au sommet du toit du monde, à plus de 8 000 m d'altitude, la température moyenne hivernale frôle les – 36 °C et peut descendre à – 60 °C !

Aussi insolite que cela puisse paraître, des fossiles marins ont été retrouvés dans l'Himalaya, à plus de 6 000 m d'altitude ! Lorsque l'Inde a embouti l'Asie, les roches du plancher de l'océan Téthys ont été piégées puis soulevées en même temps que le reste de la chaîne.

Prenant sa source dans l'Himalaya, puis parcourant la plaine indienne jusqu'au golfe du Bengale, le Gange est pour les hindous un fleuve sacré aux vertus purificatrices. Parsemé de lieux saints, il réunit chaque année des milliers de pèlerins qui viennent se baigner et méditer sur ses rives.

Une jeune chaîne de montagne

Pour retracer l'histoire de l'Himalaya, il faut remonter quelques millions d'années en arrière, lorsque l'océan Téthys séparait encore l'Inde de l'Asie. Il y a 70 millions d'années, l'Inde commence à se rapprocher de l'Asie, à la vitesse de 15 cm par an ❶. L'océan Téthys disparaît peu à peu, entraînant, il y a environ 45 millions d'années, la collision des deux masses continentales ❷. La plaque portant l'Inde s'est alors glissée sous l'Asie, provoquant l'élévation de l'Himalaya et du plateau tibétain *(voir p. 51)*. Les roches ont été soulevées, broyées et de grands chevauchements se sont formés, à l'origine des plus hauts sommets de la chaîne ❸. Aujourd'hui encore, l'Inde continue sa progression vers le nord, à la vitesse de 5 cm par an, élevant un peu plus les reliefs de l'Himalaya.

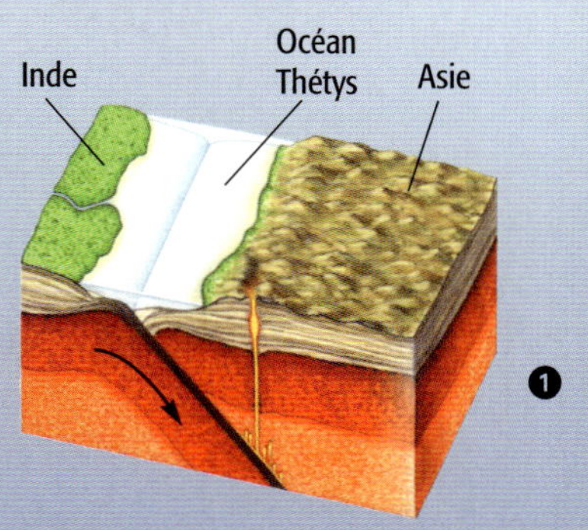

❶

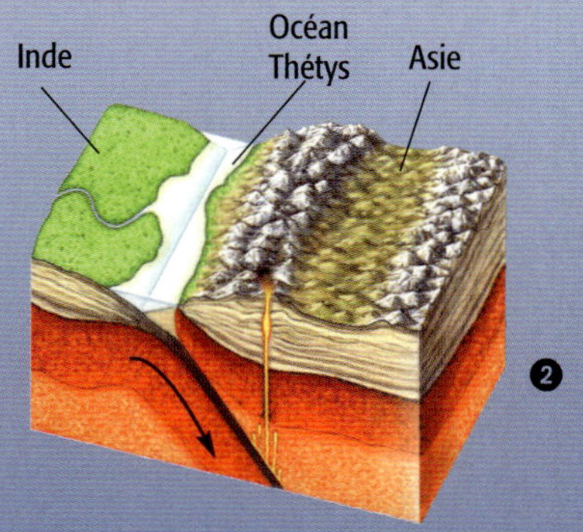

❷

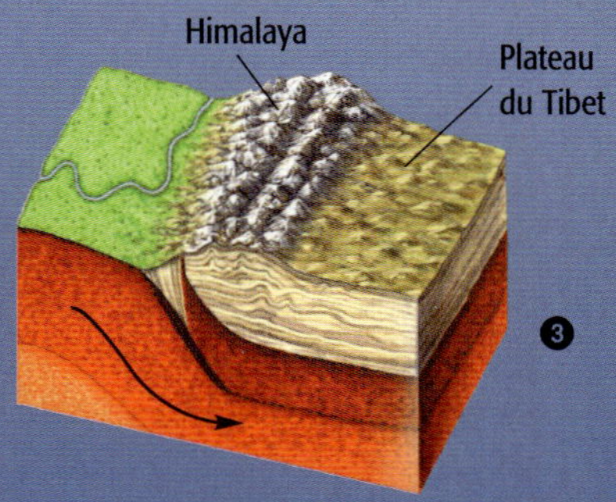

❸

Raréfaction de l'oxygène et conditions météorologiques extrêmes font de l'ascension de l'Everest une épreuve très difficile. À partir de 1924, les tentatives se sont succédé. Le 29 mai 1953, le Néo-Zélandais Edmund Hillary et le sherpa Tenzing Norgay posaient le pied sur le "toit du monde".

L'Himalaya forme une barrière qui influence le climat de part et d'autre de ses reliefs. La chaîne empêche l'air froid et sec venant du nord d'atteindre l'Inde, tout en retenant les vents chauds chargés d'humidité en provenance du sud. Ces derniers sont à l'origine des pluies estivales abondantes : la mousson.

Surgis au milieu de nulle part

On les appelle inselbergs ou "montagnes-îles". Ils surgissent au milieu des plaines, comme s'ils avaient été déposés par quelque main de géant, et ont inspiré de nombreuses légendes. En réalité, c'est l'érosion qui leur a donné naissance en dégageant les terrains sédimentaires qui les masquaient.

Ayers Rock, en Australie

Ayers Rock est un rocher monumental, isolé en plein cœur du désert australien : 348 m de haut, 2,5 km de long, plus de 8 km de circonférence. Il est le plus grand monolithe (ou rocher d'un seul bloc) connu de la planète ! Ce n'est que la partie visible, car on estime que les deux tiers sont enfouis sous terre ! Ce bloc de grès* s'est formé, il y a 500 millions d'années, au fond de la mer. Les sédiments* s'y sont accumulés et cimentés en couches successives. Des millions d'années plus tard, la mer s'est retirée, et de gigantesques mouvements tectoniques ont soulevé et fait basculer cet ancien fond de mer, redressant les couches jusqu'à la verticale. Enfin, les pluies ont attaqué les terrains les plus tendres et dégagé la roche plus dure d'Ayers Rock. Dans les rayons du couchant, il prend une magnifique teinte rouge due aux oxydes de fer incrustés dans le grès.

SOURCES DE CROYANCES

Les reliefs isolés sont des points remarquables, parfois étranges. Ils sont souvent associés à des légendes ou considérés comme des lieux sacrés. Les Aborigènes, qui vivent en Australie depuis plus de 20 000 ans, nomment Ayers Rock, Uluru. Selon leurs croyances, ce rocher a été bâti au temps de la création du monde, le "Temps du Rêve". Au fil des millénaires, les Aborigènes ont orné de peintures rupestres cette montagne sacrée qui renfermerait leur histoire au creux de chaque grotte et de chaque source… Les mystérieux Tepuys du Venezuela, toujours encapuchonnés de nuages, seraient les repères de monstres. L'imposante tour de basalte qui se dresse au milieu des grandes prairies américaines (Wyoming) a été baptisée la tour du Diable (photo) *par les pionniers. Pour les Indiens cheyenne, en revanche, ce rocher est "l'antre de l'Ours" : c'est là que Hu Nump, le Grand Ours, initiait les chamans aux secrets des plantes et des paroles qui guérissent.*

Les Nats ou "génies" birmans ont élu domicile sur le mont Popa, un ancien volcan de Birmanie. Pour s'assurer la protection de ces divinités exigeantes, les habitants n'hésitent pas à traverser le pays et à gravir les immenses escaliers qui conduisent aux temples perchés afin de déposer leurs offrandes.

Le parc national du Serengeti (le plus vaste d'Afrique : 14 760 km²) constitue, avec les réserves voisines, l'un des derniers grands territoires protégés où les animaux peuvent migrer librement. Chaque année, plus d'un million de zèbres, gnous et gazelles sillonnent ainsi le parc en quête d'herbe verte.

Les Tepuys, au Venezuela

Au sud du Venezuela, une centaine de plateaux se dressent à plus de 2 000 m au-dessus de la forêt équatoriale, avec des falaises vertigineuses dévalées par de gigantesques cascades. Difficilement accessibles et souvent masqués par les brouillards, la plupart n'ont jamais été explorés. Les Indiens les appellent Tepuys, "montagnes". Lors de la séparation des continents africain et américain, les mouvements tectoniques ont brisé le plateau de grès, vieux de 1,8 milliard d'années, qui constituait cette partie de l'Amérique du Sud.
Les rivières de cette région très pluvieuse (4 m de pluies par an) se sont engouffrées dans les fissures, creusant des vallées qui s'enfoncent à plus de 1 000 m entre des falaises abruptes.
Séparés par ces vallées profondes, les sommets rigoureusement plats des Tepuys sont aussi isolés que les îles d'un océan. Résultat : la moitié de leurs plantes et de nombreux animaux sont endémiques* ! Certaines espèces sont même différentes d'un Tepuy à l'autre. Orchidées, plantes carnivores, insectes, crapauds ou oiseaux, tous résistent aux conditions difficiles dans lesquelles les espèces de la forêt d'en bas ne pourraient survivre.

Les Kopjes du Serengeti, en Tanzanie

Petits monticules de blocs de granite* arrondis de 10 à 40 m de haut, ils parsèment la plaine du Serengeti, en Afrique de l'Est. Les Kopjes viennent des profondeurs de la Terre. Ils ont été formés par des bulles de magma qui sont remontées, il y a plus de 500 millions d'années, en traversant les couches de roches métamorphiques *(voir p. 8-9)* et de cendres volcaniques qui tapissent cette région. Puis l'érosion a balayé ces couches moins résistantes, laissant apparaître le granite qu'elle a poli en blocs aux courbes douces.
Dans les plaines couvertes d'herbes à l'infini, les Kopjes rompent la monotonie du paysage. Ils offrent des conditions de vie différentes, de nouvelles niches écologiques : des coins ombragés, une protection contre les feux de savane ou contre les inondations de la saison des pluies, un abri contre les prédateurs. Ils accueillent une flore et une faune particulières, comme le daman des rochers, un mammifère de la taille d'un lapin, le plus proche parent des éléphants.

Pains de sucre, au Brésil

Les pitons rocheux qui parsèment la baie de Rio de Janeiro sont célèbres dans le monde entier. Le plus connu d'entre eux, le Pain de Sucre, qui domine la plage de Copacabana, a même donné son nom à cette forme en dôme. Chaque piton correspond, en effet, à un noyau de roche granitique dure que l'érosion a dégagé des roches plus tendres qui l'enveloppaient à l'origine. Sous l'action des pluies intenses de cette région très arrosée, la roche se délite progressivement et prend cette allure arrondie, typique de l'érosion des granites en climat tropical. Aucune plante ne peut s'accrocher sur les versants abrupts et dénudés de la partie supérieure. Sur le pic du Corcovado, qui culmine à 700 m, une gigantesque statue du Christ Rédempteur étend, depuis 1922, ses bras protecteurs au-dessus de la ville de Rio.

Les rivières de l'Auyan-Tepuy, au Venezuela, alimentent la plus haute chute du monde, le Salto del Angel. Cette cascade s'élance en deux puissants sauts sur 979 m, soit l'équivalent de vingt fois la hauteur des célèbres chutes du Niagara.

Le botaniste Everard Im Thurn, premier Occidental à avoir exploré le Tepuy Roraima, aurait inspiré à Arthur Conan Doyle son fameux roman Le monde perdu. *Celui-ci raconte les aventures d'une expédition scientifique, sur un plateau isolé d'Amérique du Sud, encore peuplé de dinosaures et d'hommes singes.*

Une longue cicatrice

Gigantesque balafre entaillant l'ouest des États-Unis, la faille de San Andreas est le siège d'une importante activité sismique. Telle une empreinte indélébile, elle nous rappelle constamment, et parfois avec violence, les forces colossales déployées par le mouvement des plaques tectoniques.

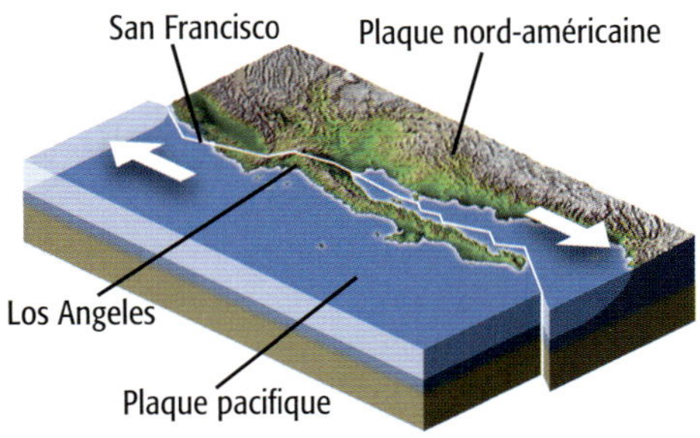

La faille de San Andreas

Parcourant la région côtière californienne, la faille de San Andreas est l'une des plus spectaculaires ruptures de l'écorce terrestre. Plus qu'une faille, c'est un système de plusieurs fractures qui s'étirent sur 1 200 km de long environ et 140 km de large, sillonnant entre autres les mégapoles de Los Angeles et San Francisco.

Cette énorme cicatrice marque la frontière le long de laquelle les plaques pacifique et nord-américaine glissent l'une contre l'autre *(voir p. 51)*. Inexorablement, la plaque pacifique se déplace vers le nord-ouest, à la vitesse de 5 cm par an. Chaque année, près de 200 séismes modérés sont ressentis. Parfois aussi, les plaques se bloquent l'une contre l'autre et accumulent d'énormes tensions. Lorsqu'elles finissent par céder, elles libèrent brutalement une importante quantité d'énergie, à l'origine de séismes dévastateurs. Celui qui secoua San Francisco au matin du 18 avril 1906 fut le plus meurtrier – un millier de personnes périrent dans la catastrophe – et la ville fut presque entièrement détruite.

Les incendies consécutifs aux tremblements de terre sont parfois plus dévastateurs que les secousses elles-mêmes, comme en témoigne le séisme qui ébranla San Francisco le 18 avril 1906. Pendant 2 jours, le feu provoqué par la rupture des canalisations de gaz ravagea une bonne partie de la ville.

Un séisme dévastateur, baptisé "the Big One" (le Géant), est imminent dans le sud de la faille de San Andreas. C'est la seule région de contact entre les plaques pacifique et américaine à ne pas avoir bougé depuis plusieurs décennies. L'énergie accumulée risque à tout moment d'être brutalement libérée.

Comment naissent les séismes ?

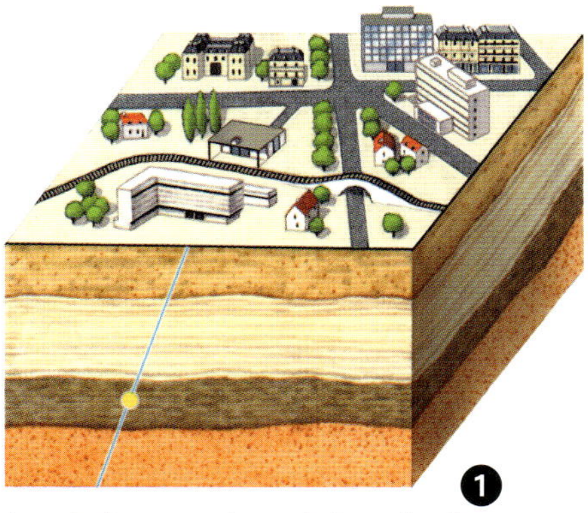

Le point jaune représente le foyer du séisme.

Chaque année, des centaines de milliers de tremblements de terre sont enregistrés sur notre planète. Si certains sont imperceptibles, d'autres en revanche sont responsables de catastrophes d'une rare violence. La plupart des séismes se produisent à la frontière des plaques tectoniques. Ils naissent en profondeur, entre 10 et 700 km. Les frottements induits par la rencontre de deux plaques génèrent dans la croûte terrestre des tensions gigantesques. Les roches se tordent, se déforment, jusqu'à ce que l'énergie accumulée par la friction des roches soit brusquement libérée. C'est le tremblement de terre. L'endroit où la lithosphère *(voir p. 51)* se casse est appelé le **foyer du séisme** ❶. Si elle n'existe pas déjà, une faille apparaît, le long de laquelle le séisme se propage. La fracture brutale engendre une série de vibrations – les ondes sismiques – qui progressent à l'intérieur de la Terre et se manifestent par des secousses lorsqu'elles parviennent à la surface ❷.

L'empreinte d'un séisme

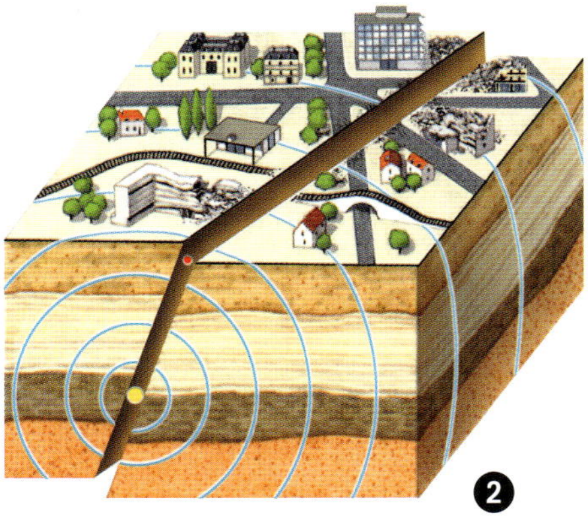

Le point rouge symbolise l'épicentre : c'est là que les secousses sont le plus fortement ressenties.

Une déchirure traverse également la Turquie sur 1 000 km, et matérialise le lieu où les plaques eurasienne et anatolienne glissent l'une contre l'autre. C'est une zone sismique très active, comparable à la faille californienne de San Andreas. Dans la nuit du 16 au 17 août 1999, la ville turque d'Izmit a subi une secousse de magnitude 7,4 sur l'échelle de Richter. Plus de 6 000 bâtiments se sont effondrés, 17 000 personnes ont péri et 500 000 se sont retrouvées sans abri. Les ondes du séisme ont été ressenties jusqu'à Istanbul, à 100 km de là. Depuis les années 1940, plusieurs séismes destructeurs s'y sont produits, dont la localisation semble indiquer une progression d'est en ouest. Il est fort probable que le prochain séisme se manifestera plus à l'ouest, dans la mégapole d'Istanbul.

L'ÉCHELLE DE RICHTER

En 1935, Charles Richter a mis au point une mesure pour quantifier l'énergie – ou magnitude – libérée lors d'un séisme. À partir de l'amplitude des ondes sismiques enregistrées par les sismographes, un degré sur l'échelle de Richter est attribué à la secousse. À chaque degré, l'énergie libérée est multipliée par 30. L'échelle s'échelonne de 0 à 9,5, magnitude du plus fort séisme enregistré (en mai 1960, au Chili). Jusqu'au degré 3, le séisme n'est pas ressenti. À partir du niveau 6, les dommages sont importants sur un rayon de 100 km. Au-delà de 8, les dégâts sont colossaux : toutes les constructions sont détruites sur plusieurs centaines de kilomètres.

Avec une magnitude de 9,5 sur l'échelle de Richter, le séisme du 22 mai 1960 au Chili est le plus fort jamais enregistré. Provoqué par le glissement de la plaque océanique de Nazca sous l'Amérique du Sud, il a été accompagné d'un tsunami dévastateur, qui s'est propagé jusqu'aux côtes du Japon.

En décembre 2004, au large de Sumatra, un séisme de magnitude 9 provoqua un tsunami qui se propagea sur 3 000 km. Imperceptibles en mer, les vagues, freinées par le fond marin, formèrent près des côtes un gigantesque mur d'eau de 10 m de haut. Plus de 220 000 personnes périrent dans cette catastrophe.

Le Grand Rift est-africain

Dans l'est de l'Afrique s'étire sur plus de 7 000 km en une succession de fossés, une vallée profonde encadrée de grandes failles et de falaises aux parois abruptes. Ponctuée de nombreux lacs et de volcans imposants, cette énorme cicatrice marque l'endroit où peu à peu, le continent africain s'ouvre en deux.

Quand la Terre se déchire

Visible depuis l'espace, le Grand Rift est-africain déchire la croûte terrrestre *(voir p. 51)*, depuis la mer Rouge jusqu'aux chutes du Zambèze, au Mozambique. Sa formation résulte de la remontée vers la surface d'un énorme panache de magma qui, tel un gigantesque chalumeau, est venu perforer la croûte il y a 25 à 35 millions d'années. Sous l'effet de la chaleur, la croûte s'est d'abord bombée, puis amincie avant de se déchirer. La plaque qui portait alors l'Afrique et l'Arabie s'est scindée en deux. La croûte continentale située entre les deux nouvelles plaques, devenue trop fragile, s'est effondrée, donnant naissance à un immense fossé, de 40 à 60 km de large, que l'on appelle "rift".

Le volcan Ol Doinyo Lengaï.

La vallée du Grand Rift serait le berceau de l'humanité. C'est ici que les premiers hommes seraient apparus, il y a 6 millions d'années. Depuis la découverte en 1974 de Lucy, jeune australopithèque de 3,5 millions d'années, des restes d'hominidés, plus vieux encore, ont été trouvés dans la région.

Le volcan tanzanien Ol Doinyo Lengaï est unique. C'est le seul au monde à émettre des carbonatites, des laves riches en carbonate de sodium. Très fluides et de couleur noire lorsqu'elles sont en fusion, elles deviennent blanches comme de la neige en refroidissant.

Du Rift à l'océan

La vallée du Rift est l'un des rares endroits de la planète où les différentes phases de la formation d'un océan se dévoilent sous nos yeux. Dans la partie sud du Grand Rift, on assiste à la première étape de ce long processus. La croûte s'est fracturée et effondrée sur elle-même, créant une vallée, le rift continental ❶. Dans un second temps, le magma parvient à se frayer un chemin par les failles qui jalonnent la vallée. La lave s'épanche de part et d'autre, repoussant les bords du rift et formant le plancher de l'océan à venir ❷. Les volcans qui jalonnent le Grand Rift témoignent de cette importante activité volcanique. Enfin au nord, les eaux de la mer Méditerranée ont pris possession des lieux, pour créer la mer Rouge, prémices de ce nouvel océan ❸. Submergé par les eaux, le rift est le siège d'une activité volcanique incessante, liée à l'écartement des plaques *(voir p. 51)*, où se crée sans relâche le fond de ce nouvel océan. Dans quelques millions d'années, l'est de l'Afrique sera probablement séparé du reste du continent.

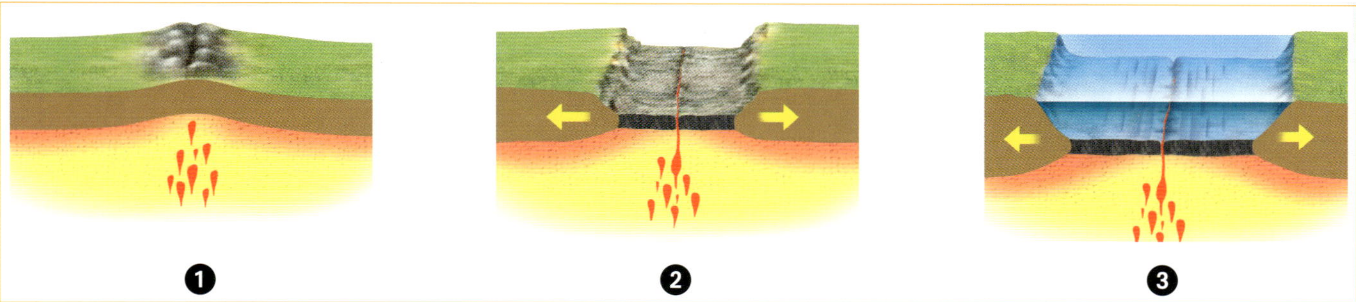

Éruption sur le volcan Nyiragongo.

Les volcans du Rift

Par les fractures qui parcourent le rift, le magma s'infiltre, édifiant des alignements de volcans aux reliefs majestueux *(voir DVD, chap. 4)*. L'Erta Alé, en Éthiopie, abrite à son sommet deux cratères qui présentent selon l'activité du volcan, des lacs de laves en fusion à plus de 1 000 °C. Plus au sud, dans la République démocratique du Congo, se dresse l'un des volcans les plus actifs d'Afrique, le Nyiragongo *(voir p. 66-67)*. Le plus haut sommet d'Afrique, le Kilimandjaro (5 895 m), domine la Tanzanie depuis 750 000 ans. Cet imposant massif volcanique endormi pourrait bien se réveiller un jour comme l'indiquent les fumerolles qui s'échappent parfois de son cratère. Ces quelques exemples n'illustrent qu'une partie des nombreux volcans nés de l'écartement des bords du rift. On peut aussi citer le mont Kenya, l'Ol Doinyo Lengaï, le mont Elgon...

Les volcans qui jalonnent le Grand Rift témoignent de l'importante activité volcanique de la région. À droite, le Kilimandjaro.

Dominant la savane, le Kilimandjaro est coiffé à son sommet d'une calotte de neiges éternelles. Mais le réchauffement qui affecte le climat de la planète pourrait bien la faire disparaître. La communauté scientifique estime qu'elle aura complètement disparu d'ici à 2020...

Dans la vallée du Grand Rift, entre les monts Kenya et Kilimandjaro, vivent les Massaï. Ils constituent une ethnie de 300 000 à 880 000 personnes. Peuple d'éleveurs et de guerriers, ils ont su conserver, malgré les incitations des gouvernements du Kenya et de Tanzanie, leur mode de vie semi-nomade.

Dans le secret des abysses

Le domaine des abysses recouvre près de 80 % de la superficie des océans, plus de la moitié de la planète. Considérées jusqu'au milieu du XIXe siècle comme des gouffres béants impropres à la vie, ces immenses étendues, où règnent le froid, l'obscurité et des pressions écrasantes, abritent en réalité des animaux étranges, semblant venir d'un autre monde.

Les plaines abyssales

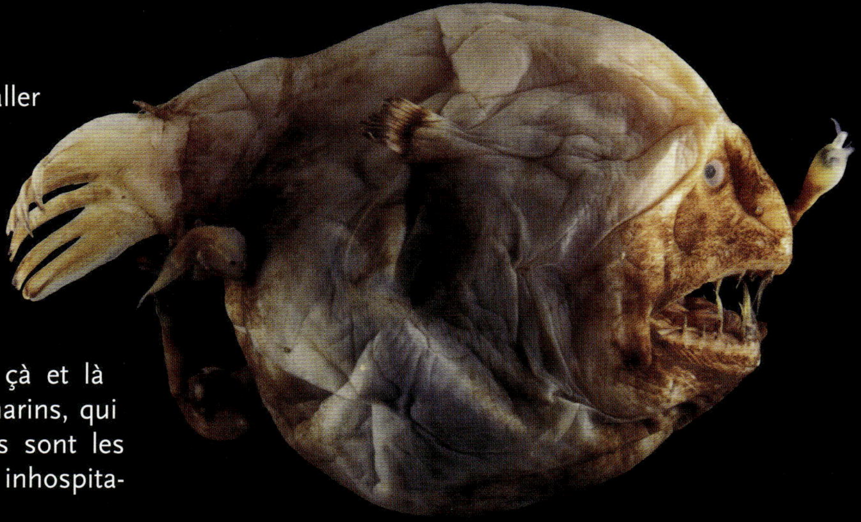

Lorsque l'on s'écarte du rivage pour aller vers le large, la profondeur augmente, d'abord doucement, puis brutalement. Cette zone aux pentes abruptes, le **talus continental** ①, qui borde les continents, débouche sur les **abysses** ②, vastes plaines qui descendent lentement jusqu'à 6 000 m et qui s'étalent sur des millions de kilomètres carrés. Parsemées çà et là de ravins, de collines et de volcans sous-marins, qui atteignent parfois la surface, ces étendues sont les zones les plus planes de la planète. Les plus inhospitalières aussi...

Au-dessous de 500 m de profondeur, la lumière du soleil est totalement absente. Les rayons du soleil ne réchauffent plus les eaux et la température décroît rapidement. Vers 3 000 m, elle n'est plus que de 2 °C et descend à 1,5 °C à 5 000 m. Dans les grands fonds, la pression due au poids de l'eau, qui augmente à mesure que l'on s'enfonce, est gigantesque. À 4 000 m, elle est de 400 kg/cm, comme si une petite vache reposait de tout son poids sur chaque centimètre de la peau.

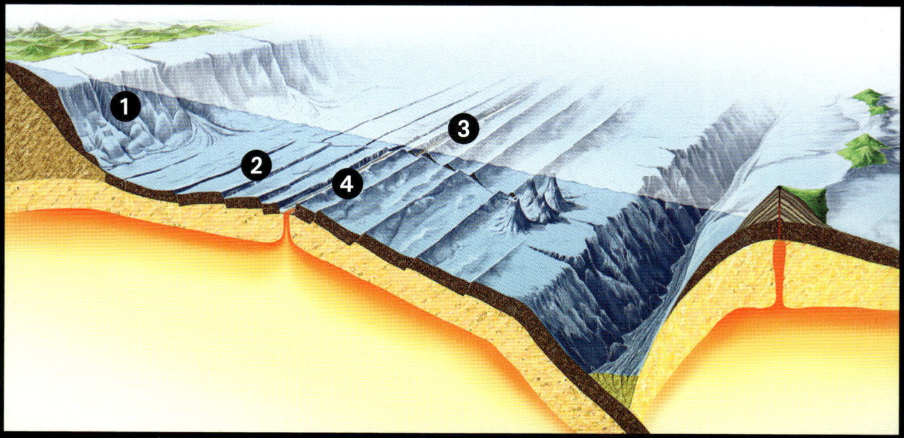

Coupe schématique des reliefs sous-marins.

En 1977, des chercheurs découvrirent près de la dorsale est-pacifique, une véritable oasis de vie : des vers de 2 m de long, des mollusques géants, des crabes dépourvus d'yeux... qui évoluaient autour de cheminées crachant des eaux brûlantes et noires. Ces "fumeurs noirs" furent ensuite localisés le long des autres dorsales.

En s'écartant de la dorsale, la croûte océanique refroidit et s'épaissit. Devenue trop lourde, elle finit par s'enfoncer sous une autre plaque : c'est la subduction. Cette frontière est marquée par une dépression étroite pouvant atteindre plus de 10 000 m de profondeur : la fosse océanique.

Les habitants de l'impossible

Dans ces conditions extrêmes évolue pourtant une faune parfaitement adaptée. Faute de lumière, les algues sont absentes. La plupart des animaux qui vivent là se nourrissent des détritus en provenance de la surface : restes de cadavres, débris de végétaux... Concombres de mer, vers, crabes, araignées arpentent sans relâche les fonds vaseux à la recherche de cette précieuse nourriture. Les autres habitants ont pris le parti de chasser. Pour repérer leur proie dans l'obscurité totale, ils ont su développer des trésors d'ingéniosité. La **baudroie abyssale** attire ses proies en agitant des filaments terminés par un petit organe lumineux. Quant au **saccopharynx**, doté d'une énorme gueule, il attend patiemment que sa pitance veuille bien s'y engouffrer.

Des montagnes sous la mer

L'immense monotonie des abysses est, par endroits, interrompue par de grandes chaînes de montagnes, les **dorsales océaniques** ③, perdues au fond des océans, entre 2 000 et 3 000 m de profondeur. Ces reliefs imposants serpentent sur plus de 60 000 km (une fois et demie le tour de la Terre) à travers les océans Atlantique, Pacifique et Indien et sont le siège d'une activité volcanique incessante. Entaillées au sommet par une profonde vallée, le **rift** ④, les dorsales marquent l'endroit où les plaques tectoniques s'écartent, sous l'effet des mouvements de convection qui animent le manteau terrestre *(voir p. 50-51)*. Le magma en provenance du manteau s'échappe par les fractures et s'épanche de part et d'autre de la dorsale. La lave, au contact de l'eau, se refroidit et forme une nouvelle croûte océanique qui sera percée à son tour par de nouvelles remontées de magma. Les plaques ainsi renouvelées, s'écartent l'une de l'autre, comme deux gigantesques tapis roulants.

Les poissons lanternes Galatheathauma possèdent au fond de leur gosier un petit appendice lumineux destiné à attirer leurs proies. Vivant en bancs serrés, ces poissons, affublés de leurs lampions, forment en se déplaçant de somptueuses traînées de lumière dans l'obscurité des grands fonds.

Pour la première fois, en septembre 2005, un calamar géant a été photographié dans son milieu, à 1 000 m de profondeur, par un scientifique japonais. Jusque-là, cet animal, pouvant atteindre 18 m de long, n'était connu que par les cadavres retrouvés à la surface et les récits des navigateurs.

Un pays de feu et de glace

Surgie des profondeurs de l'océan Atlantique à l'ère tertiaire, l'Islande est l'une des régions les plus volcaniques de la planète. Située à la limite du cercle polaire arctique, cette île de glace et de feu offre des paysages où se mêlent harmonieusement la force, la rudesse et la grandeur des éléments.

Terre de feu

Deuxième île d'Europe après la Grande-Bretagne, l'Islande est composée à 99 % de roches volcaniques et abrite quelques-uns des volcans les plus actifs au monde. Deux cents volcans gris ou rouges *(voir p. 64-65)* y sont recensés, dont trente au moins sont entrés en éruption au cours des dix derniers siècles. On compte une éruption volcanique tous les 4 ans ! L'Hekla est l'un des plus virulents du pays et il se manifeste en moyenne tous les 10 ans. La dernière éruption, survenue en 2000, a produit de spectaculaires fontaines de lave qui se sont écoulées en larges fleuves sur plusieurs kilomètres. Des panaches atteignant 15 km d'altitude ont propulsé dans l'atmosphère des cendres dont certaines sont parvenues jusqu'en Finlande, à des milliers de kilomètres de là !

Des coulées de lave fumante, des sources d'eau chaude, des geysers expulsant des colonnes d'eau brûlante, des fumerolles et d'innombrables marmites de boue émaillent le pays, emplissant l'air d'une forte odeur de soufre *(voir p. 68-69)*.

Isolée géographiquement, l'Islande est restée vierge pendant très longtemps. Elle ne fut colonisée qu'en 860 par un peuple puissant venu de Scandinavie, les Vikings. Beaucoup moins sanguinaires que ne le disent les légendes, ils établirent en 930 le premier parlement au monde, l'Althing.

Lorsque les Vikings débarquèrent en Islande, les forêts couvraient 30 % de l'île, contre 2 % aujourd'hui. Les arbres furent abattus pour construire les maisons et les bateaux, livrant le sol à la furie des pluies et des vents. Un vaste programme de reboisement est en cours pour lutter contre l'érosion.

Le royaume de la glace...

L'Islande dévoile sur 103 000 km² (moins de 1/5 de la France) des paysages variés aux couleurs extravagantes. Aux étendues de landes et de toundras se mêle le noir des champs de lave. Des fjords profonds découpent les rivages, des mousses vert fluorescent viennent rompre la monotonie des vastes plaines caillouteuses. Les terres se teintent de rouge, d'ocre et de gris-vert dans les vapeurs de soufre et de gigantesques glaciers recouvrent les reliefs. Car l'Islande est aussi, comme son nom l'indique, "le pays de la glace". Avec environ 10 % de sa surface recouverte de glaciers, elle concentre plus de glace que tous les autres pays européens réunis. Le Vatnajökull est le 3e glacier de la planète après ceux de l'Antarctique et du Groenland. Avec une épaisseur de glace de 1 000 m, il dissimule de nombreux volcans actifs qui, lorsqu'ils se manifestent, libèrent brutalement d'énormes poches d'eau, à l'origine de crues catastrophiques.

À 50 km de la capitale Reykjavík, Bláa Lóni (le lagon bleu) est un lac artificiel alimenté par les eaux chaudes puisées en profondeur.

L'Islande vue du ciel.

... et de l'eau

Façonnée par les volcans, l'Islande est aussi un pays où l'eau se décline sous toutes ses formes. La neige, présente en toute saison, et les nombreux glaciers alimentent des torrents impétueux qui dévalent les pentes sombres des montagnes, pour rejoindre la mer. Le pays compte de nombreuses cascades spectaculaires : Dettifoss, Gulfoss, Skógafoss, Glymur, etc. Il arrive aussi que l'eau s'infiltre dans le sol, se réchauffe à proximité du magma avant de remonter à la surface. Les nombreuses sources d'eau chaude qui jalonnent l'île sont utilisées pour chauffer les maisons ou tout simplement pour goûter au plaisir de se plonger dans un bain chauffé à plus de 50 °C quand la température extérieure est négative !

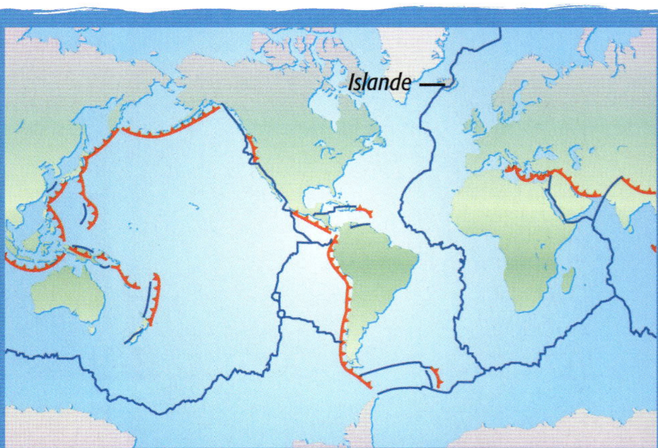

Les dorsales océaniques sont ici représentées en bleu.

À CHEVAL SUR LA DORSALE

Habituellement, les dorsales, lieux où se forme la croûte océanique, restent sous-marines (voir p. 60-61)*. Mais le long de la dorsale qui déchire l'océan Atlantique du nord au sud, des panaches de magma remontent des profondeurs de la Terre. Ce processus s'additionne alors à l'écartement des plaques pour fournir suffisamment de magma à l'émergence d'îles volcaniques. C'est ainsi que l'Islande est apparue il y a environ 20 millions d'années. Les failles qui entaillent l'île de part en part et l'activité volcanique intense rappellent sans cesse à ses habitants qu'ici, les plaques eurasienne et nord-américaine s'écartent l'une de l'autre, à la vitesse de 2 cm par an.*

En 1783, l'éruption du volcan Laki produisit la plus vaste émission de lave connue dans le monde. Les gaz toxiques et les poussières qu'il expulsa voilèrent le soleil et empoisonnèrent les pâturages. La totalité du bétail mourut, provoquant une famine qui décima près d'un quart de la population.

Depuis longtemps, les Islandais ont appris à tirer profit des phénomènes géothermiques. Outre l'eau chaude produite naturellement, la chaleur de la Terre est utilisée pour générer de l'électricité qui permet de chauffer plus de 80 % des habitations. Des fleurs et des fruits exotiques sont même cultivés sous serre !*

Volcans gris, volcans rouges

Chaque année sur Terre, une soixantaine de volcans se manifestent. Si certains déversent tranquillement leurs flots de lave rougeoyante, d'autres, en revanche, ont toutes les peines du monde à expulser leur magma. Lorsqu'ils y parviennent enfin, des explosions d'une violence inouïe se produisent.

Des milliers de volcans

La Terre abrite près de 10 000 volcans, dont plus de 1 500 sont considérés comme actifs, c'est-à-dire qu'ils sont entrés au moins une fois en éruption depuis 10 000 ans.

On distingue deux grands types de volcans : les **volcans gris** qui explosent – et qui sont les plus dangereux – et les **volcans rouges** qui coulent. Dans le premier cas, le magma est extrêmement épais. Il libère difficilement ses gaz et peine à sortir. Il s'accumule alors dans la cheminée. Comme dans une véritable Cocotte-Minute, la pression augmente, jusqu'à l'explosion, brutale et imprévisible. Dans le deuxième cas, le magma est très fluide et les gaz s'échappent facilement. La lave jaillit du cratère ou des fissures qui se sont formées sur les flancs du volcan, puis se déverse en de longues coulées qui peuvent parcourir plusieurs dizaines de kilomètres à près de 50 km/h.

Coulées de lave sur le volcan Etna.

Les cendres et poussières propulsées dans l'atmosphère lors de l'éruption du Pinatubo en 1991 modifièrent légèrement le climat de la planète. Une diminution de la température de 0,4 °C fut observée à la surface du globe. Certaines particules voyagèrent pendant 3 ans autour de la Terre !

En observant la couleur d'une coulée de lave, on peut estimer sa température : jaune très clair : 1 150 à 1 350 °C ; jaune orangé : 1 000 à 1 150 °C ; rouge orangé : 800 à 1 000 °C ; rouge sombre : 650 à 800 °C ; brun-rouge : 500 à 650 °C.

L'explosion du Pinatubo

Situé sur l'île de Luçon dans les Philippines, le Pinatubo est, comme la plupart des volcans gris, associé à une zone de subduction (là où une plaque tectonique plonge sous une autre plaque). Pourtant, lorsqu'il s'est réveillé, personne ne s'y attendait : cela faisait plus de 600 ans qu'il n'avait pas fait parler de lui !

Entre le 7 et le 14 juin 1991, plusieurs explosions colossales se succédèrent. Des tonnes de cendres et de débris furent projetées dans l'atmosphère, plongeant la région dans une obscurité totale. Le 15 juin, un gigantesque panache s'éleva à près de 40 km de hauteur. Des avalanches de cendres et de roches volcaniques, les **nuées ardentes**, dévalèrent à toute allure les pentes du volcan. Le même jour, les pluies diluviennes apportées par l'ouragan Yunya, transformèrent les cendres en coulées de boue, les **lahars**, qui dévastèrent tout sur leur passage. L'explosion de ce volcan gris fut l'une des plus grosses éruptions du XXe siècle. Heureusement, grâce aux mesures d'évacuation, les pertes humaines furent limitées.

Un village entièrement recouvert de cendres à la suite de l'explosion du Pinatubo.

DES FORMES UNIVERSELLES

Sur les cendres qui ont recouvert les paysages autour du Pinatubo, le ruissellement des eaux de pluie a dessiné en quelques semaines un vaste réseau de crevasses. Ces formes torturées, les ***fractales****, se retrouvent fréquemment dans la nature (flocons de neige, arbres, vaisseaux sanguins, choux-fleurs…). Les motifs qui les composent se subdivisent et se répètent à l'identique, à des échelles de plus en plus petites.*

Hawaii, la rencontre du feu et de l'eau

La plupart des volcans sont situés à la frontière des plaques tectoniques *(voir p. 51)*, mais quelques originaux comme ceux d'Hawaii ont élu domicile au beau milieu d'une plaque. Ils sont issus d'un **"point chaud"**, une remontée de magma en provenance du manteau.

L'île d'Hawaii abrite cinq volcans *(voir DVD, chap. 6 et 7)*, dont le Kilauea, très actif. Depuis 1983, ce volcan rouge laisse continuellement s'échapper de puissantes fontaines de lave très fluide. Lorsque la lave incandescente, chauffée à 1 100 °C, s'écoule jusqu'à la mer, un véritable bras de fer s'engage. Au contact de l'eau froide, le magma en fusion se recroqueville dans des volutes blanches de vapeur, la mer bouillonne dans un bruit assourdissant d'explosions, avant que la lave ne rende enfin les armes et ne se fige dans un dernier sifflement.

Le 13 novembre 1985, l'éruption du Nevado del Ruiz en Colombie a fait fondre la neige qui couvrait son sommet. L'eau mêlée de cendres dévala les flancs du volcan, créant de gigantesques lahars. La ville d'Armero, à 50 km de là, disparut sous un flot de boue, qui fit près de 24 000 victimes.

Le Mauna Loa sur l'île d'Hawaii est le plus volumineux et le plus grand volcan actif de la Terre. Son nom signifie d'ailleurs "Longue montagne" en hawaiien. Culminant à 4 170 m au-dessus du niveau de la mer, il repose au fond de l'océan Pacifique à 5 000 m de profondeur, soit un total de plus de 9 000 m !

Au cœur des volcans

Les volcans hérissent la surface de la planète. Au fond des océans, sur les continents, dans les archipels, ils dressent leur cône partout où la fine croûte terrestre se déchire. Leurs violentes colères laissent s'épancher le magma et construisent des reliefs aussi spectaculaires que les légendes qu'ils suscitent.

Le Stromboli, en Italie
L'île Stromboli est un volcan, le dernier-né de la série de volcans qui forment l'archipel des îles Éoliennes, au nord de la Sicile. Son cône de lave noire de 924 m se dresse d'un bloc au-dessus de la mer Méditerranée. Depuis 2 000 ans, il crache des gerbes de lave avec une régularité étonnante, toutes les 20 min environ ! C'est le seul volcan d'Europe et l'un des rares au monde à être en éruption permanente. La lave qu'il projette se solidifie en l'air et retombe sous forme de petites bombes incandescentes. Son panache rougeoyant avait déjà marqué les Grecs anciens qui l'avaient surnommé Strongylos, "la toupie de feu" *(voir DVD, chap. 9 et 10)*.

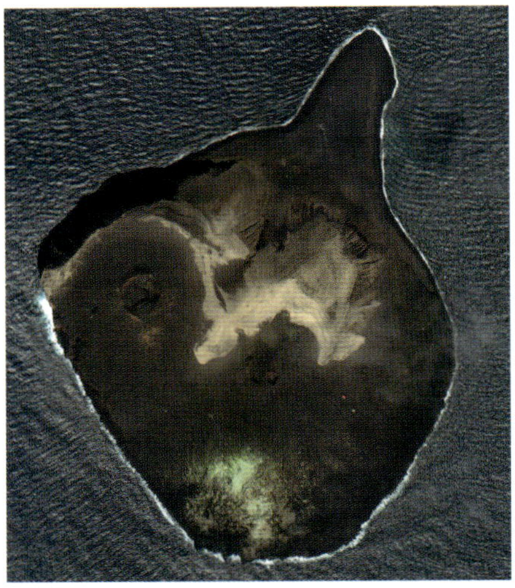

Naissance d'une île
En 1963, un volcan sous-marin entre en activité au large de l'Islande *(voir DVD, chap. 5)*, produisant un immense panache de vapeur d'eau et de cendres. Au bout de quelques jours, le cône volcanique finit par émerger. Désormais, l'Islande compte une île de plus, Surtsey. Ce type de volcanisme sous-marin a été baptisé "éruption surtseyenne". En juillet 1831, une île volcanique avait surgi des flots en Méditerranée, entre la Sicile et la Tunisie. Mais elle disparut tout aussi soudainement, probablement à cause de l'effondrement du volcan qui lui avait donné naissance. La prochaine île du genre pourrait se situer au sud de la Polynésie française, là où le volcan sous-marin Mac Donald n'est plus qu'à quelques dizaines de mètres sous la surface.

Soufre sur le volcan Etna.

L'Etna, en Sicile
L'Etna, qui culmine à 3 323 m, est le plus haut volcan actif d'Europe *(voir DVD, chap. 1)*. Né il y a 300 000 ans de la collision entre les plaques tectoniques africaine et européenne, il entre régulièrement en éruption : on en compte 140 depuis 2 500 ans ! Cette activité intense en a fait l'un des premiers volcans étudiés par les vulcanologues. En enregistrant les tremblements de terre qui précèdent ou accompagnent les éruptions de l'Etna, en analysant les gaz qui s'en échappent, les scientifiques ont fait faire de grands progrès à la vulcanologie dans les années 1970.

La plus longue chaîne de volcans du monde mesure 65 000 km ! Elle court au fond des océans, le long de la frontière entre les plaques qui constituent la croûte terrestre. C'est là que le magma surgit des profondeurs de la Terre en longues coulées qui élaborent le "plancher" des océans.

En 79 ap. J.-C., le Vésuve entre brusquement en éruption. Il projette d'énormes quantités de lave à des kilomètres d'altitude, qui retombent en pluie de cendres sur la ville romaine voisine de Pompéi. En 3 h, la ville disparaît sous 8 m de cendres. Une partie des habitants périssent, asphyxiés par les gaz toxiques.

Le Krakatoa, en Indonésie

Trois petits îlots, voilà tout ce qu'il reste du Krakatoa, un ancien volcan indonésien de 33 km^2 qui fut pulvérisé en 1883. Les explosions furent entendues à 5 000 km à la ronde, jusqu'en Australie ! 18 km^3 de cendres furent projetés dans les airs, la fumée s'éleva jusqu'à 15 km, l'obscurité fut totale pendant 24 h ! La majeure partie de l'île s'effondra sous les flots, provoquant un tsunami, avec des vagues de 20 m qui tuèrent 36 000 personnes. La mer s'engouffra dans le vide laissé par le cratère pulvérisé.
Il ne resta plus du Krakatoa qu'une caldeira (cratère envahi par l'eau) de 23 km^2, délimitée par trois îlots correspondant aux trois pans de l'ancien volcan. En 1930, de nouvelles éruptions sous-marines ont fait naître un petit volcan, Anak Krakatoa ou "enfant du Krakatoa", qui disparut et réapparut cinq fois, avant de construire l'île actuelle de 2 km de diamètre.

Le piton de la Fournaise, à la Réunion

Sur l'île de la Réunion, dans l'océan Indien, le piton de la Fournaise est l'un des volcans les plus actifs de la planète : depuis 1998, on compte au moins une éruption par an qui dure de quelques heures à plusieurs mois ! Ce volcanisme, de type hawaiien, appartient à la catégorie des volcans rouges *(voir p. 64-65)* *(voir DVD, chap. 2)*. Il est sans danger car il émet, sans explosion, des flots de lave fluide qui descendent parfois jusqu'à la mer. Les coulées modifient sans cesse le paysage, aussi bien au sommet du cratère que sur les flancs où elles calcinent les forêts et recouvrent parfois les routes. En 1977, l'une d'elles a détruit une partie du village de Piton Sainte-Rose. L'éruption de 2007 est l'une des plus importantes.

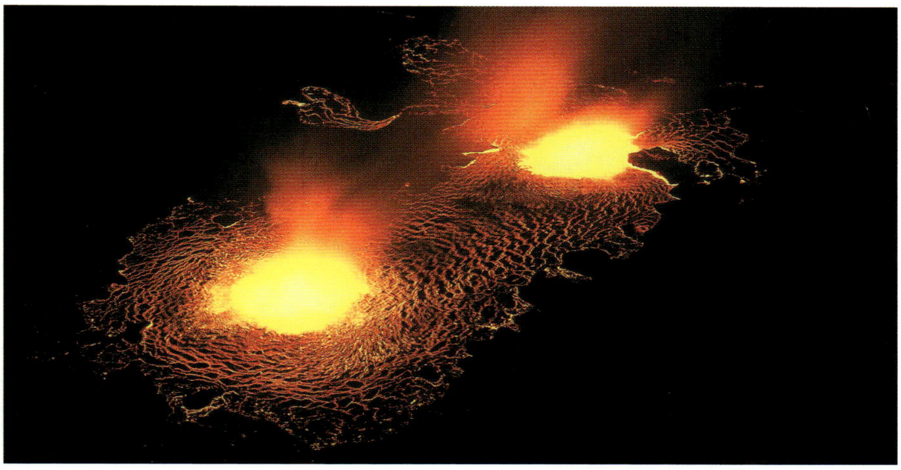

Le lac de lave du Nyiragongo, en République démocratique du Congo

Le Nyiragongo est l'un des trois volcans au monde à posséder un lac de lave, avec l'Erebus en Antarctique et l'Erta Alé en Éthiopie *(voir DVD, chap. 4)*. Ce lac rougeoyant résulte de l'accumulation de la lave en fusion qui reste à l'intérieur du cratère. En temps normal, il se forme une croûte de lave durcie à la surface du lac. Par endroits, les remontées de gaz percent cette croûte et font jaillir des fontaines incandescentes. Le niveau du lac varie selon l'activité volcanique. En janvier 2002, cette activité fut si forte que le lac a débordé. Des coulées ont dévalé les pentes, détruisant quatorze villages sur leur passage avant de se déverser dans le lac Kivu distant de 18 km.

Lorsque la lave est très riche en bulles de gaz, elle se refroidit sous forme de pierres truffées de cavités appelées "ponces". Ces pierres sont si légères qu'elles flottent. C'est ainsi qu'à proximité du Stromboli, la mer est souvent recouverte d'un tapis de pierres ! Emportées par les courants, les ponces parviennent jusqu'en Corse.

Sur la côte d'Irlande, des hexagones très réguliers forment un dallage qui descend jusque dans la mer. On les dirait taillés par l'homme, d'où leur surnom de "Chaussée des Géants". En réalité, ils proviennent du lent refroidissement d'une lave basaltique qui s'est solidifiée en colonnes hexagonales.

Les geysers

Comme de véritables volcans d'eau, les geysers expulsent vers le ciel de spectaculaires gerbes d'eau et de vapeur. Phénomènes rares et capricieux, ces sources jaillissantes ne se rencontrent qu'en quelques points du globe, là où le magma est suffisamment proche de la surface pour que l'eau qui circule dans le sol puisse se réchauffer à son contact.

Dans les régions où l'activité volcanique est importante, l'eau s'infiltre dans le sol et se réchauffe en circulant à proximité des poches de magma qui se forment sous la terre. Soumis à d'importantes pressions, le liquide bouillonnant tente de remonter à la surface et alimente des sources d'eau chaude. Il peut également s'échapper par des trous sous forme de vapeur chargée de gaz, formant ainsi des fumerolles. Mais parfois, l'eau s'accumule en profondeur dans de vastes réservoirs. Lorsque les conduits menant vers la surface sont trop fins, elle ne peut pas se refroidir ni s'écouler en simples sources. La température et la pression augmentent. De majestueux panaches d'eau et de vapeur, les geysers, jaillissent alors, puis s'affaissent lorsque toute l'eau est évacuée, avant que le processus ne recommence.

Le Strokkur, en Islande

Décrit pour la première fois en 1294, le Geysir ("jaillir" en islandais) est à l'origine du mot "geyser". Jusqu'au tremblement de terre qui secoua la région en 1916, il projetait à intervalle régulier de l'eau jusqu'à 70 m de haut. Interrompu depuis cette date, il reprit du service en juin 2000, après un nouveau séisme, expulsant son eau toutes les 8 à 10 h. À quelques centaines de mètres de là, le Strokkur assure à toute heure le spectacle pour les nombreux visiteurs qui se pressent sur ce site. Réglé comme un métronome, il explose toutes les 10 min. Avant l'éruption, le liquide se soulève dans le bassin en une énorme bulle, puis expulse brutalement à 30 m au-dessus du sol une eau dont la température varie entre 80 et 100 °C.

Réveiller artificiellement un geyser, c'est possible ! Il suffit de verser de grandes quantités de savon en son centre. Les bulles ainsi créées facilitent l'éjection de l'eau du conduit. Cette technique est fréquemment utilisée dans les régions géothermiques pour provoquer le spectacle à la demande !

Lorsque la sonde Voyager 2 a survolé Triton, la lune de Neptune, en 1989, elle a découvert qu'elle abritait de bien curieux geysers. En effet, ils n'expulsent pas de l'eau mais des panaches d'azote qui s'élèvent à 8 km au-dessus du sol avant de retomber sous forme de neige azotée.

Le Grand Prismatic Spring, aux États-Unis

Le parc de Yellowstone est le plus ancien et le plus grand parc national du monde. Célèbre pour ses phénomènes géothermiques*, il renferme à lui seul les deux tiers des geysers de la planète, soit quelque 300 sources jaillissantes ! Il abrite également un vaste bassin thermal, le troisième au monde par sa taille, le Grand Prismatic Spring, alimenté par des eaux chauffées à plus de 80 °C et chargées de soufre et d'oxyde de fer. Ses extraordinaires couleurs sont dues aux algues microscopiques et aux bactéries qui prolifèrent dans cette marmite géante, ainsi qu'aux minéraux qui se déposent sur ses rives.

Les geysers d'El Tatio, au Chili

Sur l'Altiplano de la cordillère des Andes, à plus de 4 000 m d'altitude, s'égrènent de multiples sources chaudes et une quarantaine de geysers. Le charme de ce site ne réside pas tant dans ces panaches d'eau bouillante qui n'atteignent, pour les plus puissants, que 6 m de hauteur, mais plutôt dans le spectacle féerique qu'ils offrent au petit matin. À l'aube, le froid ambiant se condense au contact de l'eau chaude expulsée par les geysers, formant de hautes colonnes de vapeur qui s'élèvent en volutes blanches vers le ciel.

La Vallée des geysers du Kamtchatka, en Russie

Perdue à l'extrême est de la Russie, la péninsule du Kamtchatka possède les volcans les plus virulents de la planète. Sur cette langue de terre de 1 200 km de long survient sans relâche tout ce que le volcanisme est capable de produire. C'est dans le centre de la péninsule que les manifestations géothermiques sont les plus importantes. Malakhitovoi, surnommé la Vallée des geysers, était un lieu unique au monde, par le nombre et la concentration de ses geysers, jusqu'au 4 mai 2007, date à laquelle un glissement de terrain endommagea sévèrement ce site. Une trentaine de geysers, ponctués de marmites de boue et de fumerolles, s'égrenaient sur moins de 10 km. Le Velikan, le plus spectaculaire d'entre eux, crachait toutes les 6 h une gerbe brûlante à 25 m de hauteur !

Dans la région volcanique de Rotorua (Nouvelle-Zélande), on dénombre au moins 500 sources chaudes et geysers. Le Pohutu Geyser, contrairement aux autres geysers qui expulsent leurs eaux en un jet puissant et bref, jaillit parfois pendant plus de 15 min sans interruption.

Le Waimangu, en Nouvelle-Zélande, fut le plus grand geyser jamais observé. Entre 1902 et 1905, il projetait brutalement 800 tonnes d'eau à 460 m d'altitude ! Aujourd'hui, le plus grand geyser encore en activité est le Steamboat, dans le parc de Yellowstone (États-Unis), culminant à 110 m de hauteur !

Cascades pétrifiées

Les sources chaudes qui jaillissent à flanc de colline à Pamukkale, dans l'ouest de la Turquie, ont bâti une extraordinaire succession de vasques d'une blancheur immaculée. De loin, l'ensemble des terrasses et des dentelles de pierre qui s'étagent sur 2,5 km de largeur évoque les remparts d'une forteresse de légende, d'où son nom turc, Pamukkale, le "château de coton".

L'eau qui fabrique de la pierre

L'eau de ces sources provient des pluies qui se sont infiltrées dans le sol. Or, l'eau de pluie est riche en gaz carbonique (CO_2), ce qui la rend acide. Au cours de son trajet sous terre, dans cette région à forte activité volcanique, elle s'enrichit en CO_2 et devient encore plus acide. Elle attaque le calcaire des roches dans lesquelles elle circule, et le transporte sous forme dissoute, combiné au gaz carbonique. Lorsque cette eau chaude ressort à l'air libre, l'excès de gaz carbonique s'échappe dans l'atmosphère. Il libère le calcaire avec lequel il était combiné. Celui-ci se dépose alors en une mince pellicule blanche. La libération du gaz carbonique se fait progressivement, tandis que l'eau s'aère et se refroidit en cascadant depuis la source. Aussi le calcaire se dépose-t-il peu à peu, le long du chemin suivi par le filet d'eau, pour former une pierre appelée travertin.

Depuis 2000 av. J.-C., les hommes ont remarqué que les sources chaudes et riches en minéraux soulageaient les rhumatismes et certaines maladies de la peau ou des reins. Aussi les captent-ils dans des stations thermales qui proposent des cures sous forme de bains.

Dans les grottes, où l'eau souterraine arrive à l'air libre, il se produit le même phénomène que dans les sources pétrifiantes. Avant de tomber du plafond, la goutte a le temps de déposer le calcaire qui construit la stalactite. En s'écrasant au sol, elle libère le restant qui construit la stalagmite.

L'œuvre de l'eau et du temps

Au fil des millénaires, les sources pétrifiantes ont édifié d'imposantes constructions dont l'allure varie avec la forme du terrain : draperies et colonnades sur les falaises, terrasses ou moutonnements sur des collines en pente douce. Leur vitesse de construction dépend à la fois du débit de la source, de sa richesse en calcaire, et de l'importance du bouillonnement qui favorise la libération du gaz carbonique. Mais elle dépend aussi de la présence d'algues microscopiques. En effet, ces algues, qui utilisent le CO_2 pour grandir grâce à la photosynthèse, apprécient les sources pétrifiantes. Plus elles sont abondantes, et plus le calcaire s'accumule rapidement. Quant aux couleurs, elles proviennent des sels minéraux, eux aussi dissous dans l'eau souterraine. Chacun d'eux apporte une touche différente, du jaune clair au marron soutenu.

Féerie architecturale

Il existe d'autres magnifiques architectures de pierre souvent enveloppées de vapeurs brûlantes, notamment au nord de l'Algérie, où des draperies blanches et ocre cascadent le long de la falaise de Hammam Meskoutine, et aux États-Unis, où les terrasses multicolores de Mammoth Hot Spring sont l'une des originalités du parc de Yellowstone. Toutes ces formations ont un point commun : une source, plus ou moins chaude et riche en calcaire dissous.

Tout objet placé dans une source pétrifiante s'enrobe de calcaire en quelques semaines. En Auvergne, on utilise cette propriété pour réaliser des œuvres d'art : statuettes habillées d'un manteau blanc ou bas-reliefs presque translucides, réalisés en recueillant un dépôt très mince sur un moule en caoutchouc.

À Hammam Meskoutine (Algérie), les eaux jaillissent à près de 95 °C. Ce sont les sources les plus chaudes du globe, après les geysers d'Islande et les sources hydrothermales sous-marines. Par suite des fortes pressions qui règnent dans les grands fonds, ces dernières atteignent en effet 300 °C !

Les messagers du ciel

Longtemps les météorites ont été considérées comme les messagers du ciel. Jusqu'à l'enquête sur la météorite de l'Aigle, tombée en France en 1803, personne ne voulait admettre leur origine extraterrestre. Leur observation nocturne, la lumière qui accompagne leur chute, tout contribuait à en faire de mystérieuses "pierres tombées du ciel".

Des roches extraterrestres

Les météorites sont des fragments rocheux venus de l'espace. Chaque jour, elles entrent par millions dans notre atmosphère où elles donnent naissance aux étoiles filantes. Lorsque ces pierres traversent l'atmosphère à la vitesse vertigineuse de 50 000 km/h, le frottement de l'air produit un tel échauffement qu'elles brûlent pendant leur chute. La plupart se consument entièrement avant d'atteindre le sol, ne laissant aucune trace, hormis la lumière éphémère qui illumine les nuits d'été, et quelques poussières éparpillées à la surface de la Terre. Près de 100 tonnes de ces poussières de météorites tomberaient chaque jour sur le sol. On estime que 500 météorites, d'un poids variant de quelques grammes à 1 tonne, touchent le sol chaque année. Deux tiers d'entre elles finissent dans les océans, tandis que les autres sont dispersées sur l'ensemble des continents.

Un rôle majeur dans l'histoire de la Terre

Quant aux grosses météorites, elles heurtent la Terre avec violence et laissent leur empreinte sous forme de cratères. Plus de 150 cratères d'impact ont été répertoriés sur les continents. Leur taille varie de quelques centaines de mètres à quelques centaines de kilomètres. Le plus grand et le plus ancien est le Dôme Vredefort, en Afrique du Sud : il mesure 380 km de diamètre et serait âgé de 2 milliards d'années. Usé par l'érosion, déformé par les mouvements tectoniques qu'il a subis pendant sa longue vie, on a du mal à le deviner, sauf depuis le ciel où il apparaît nettement sur les photos satellite. L'objet extraterrestre qui l'a créé devait être gigantesque. En percutant le sol, il a probablement libéré la plus grande quantité d'énergie que la Terre ait connue, et causé un changement climatique planétaire, avec des répercussions majeures sur l'évolution des espèces.

Les dernières études montrent que le cratère Upheaval Dome (États-Unis) a bien été creusé par une météorite.

Des milliers de micrométéorites (moins de 0,5 mm) frappent la Terre. Partout elles sont mélangées aux autres graviers, donc difficiles à identifier sauf dans les glaces de l'Antarctique où elles sont les seuls grains de poussière. Les chercheurs font fondre la glace pour les récupérer.

En 1492, la chute en Alsace d'une météorite de grande taille (127 kg) est décrite pour la première fois. Certains auteurs comme Descartes proposent alors un lien entre foudre, étoile filante et météorite qu'ils baptisent "pierre de foudre". Mais ils ignorent leur origine.

Illustration du cratère de Chicxulub causé par l'impact de la gigantesque météorite tombée il y a 65 millions d'années. Ce cratère n'est pas visible à l'œil nu.

La fin des dinosaures

La météorite de 10 km de diamètre qui s'écrasa au Mexique en formant le cratère Chicxulub, il y a 65 millions d'années, est certainement celle qui a fait couler le plus d'encre. Sa chute pulvérisa une quantité formidable de poussières et de roches fondues dans l'atmosphère, provoquant des incendies majeurs. Elle engendra un gigantesque nuage de vapeur d'eau, de gaz carbonique et de dioxyde de soufre qui obscurcit la planète entière des mois durant. Privés de soleil et de chaleur, les plantes disparurent en grande partie; les dinosaures herbivores ne pouvant plus s'alimenter moururent à leur tour, ce qui provoqua la fin des dinosaures carnivores. Après 170 millions d'années de règne, les "terribles reptiles" s'éteignirent. Seuls résistèrent à cette extinction massive quelques petits mammifères et reptiles (crocodiles, tortues, etc.). Partout dans le monde, on retrouve aujourd'hui, incrustée dans les couches géologiques, la trace de ce cataclysme majeur.

Le plus beau cratère de météorite

La météorite qui creusa le magnifique cratère Barringer ou Meteor Crater *(ci-dessus)*, il y a 50 000 ans était beaucoup plus modeste : environ 30 m de diamètre pour un poids estimé à 300 000 tonnes. Elle s'écrasa en plein cœur de l'Arizona, aux États-Unis, projetant plus de 300 millions de tonnes de roches et de poussières dans l'atmosphère, et creusant un cratère de 1,2 km de diamètre pour 200 m de profondeur ! Son impact, qui a dégagé une énergie équivalente à 150 bombes nucléaires d'Hiroshima, a tout de même dévasté la région sur 200 km à la ronde.

Lors des premières centaines de millions d'années après sa formation, la Terre fut bombardée de petits corps extraterrestres. On pense que ces météorites auraient apporté la matière organique qui serait à l'origine des premiers êtres vivants, il y a 3,8 milliards d'années.

Le 8 février 1969, la population de Pueblo de Allende (Mexique) a été réveillée par de violentes détonations et une clarté comparable à celle du jour. Une météorite de 2 tonnes venait d'exploser. La plus grande pluie de pierres célestes connue à ce jour s'abattit sur la région. Les plus lourdes pesaient 25 kg !

L'empreinte de l'homme

Disposant de moyens technologiques toujours plus performants, l'homme transforme les paysages, une capacité qui était jusqu'alors réservée à la nature. Terres gagnées sur la mer, montagnes métamorphosées ou lacs artificiels en plein désert, il révolutionne la géographie de la planète.

Des jardins flottants
Sur le lac Inle en Birmanie, le peuple intha a décuplé la surface de terres cultivables en imaginant une mosaïque de jardins flottants autour de villages sur pilotis. Ces jardins sont des îles artificielles que les Intha fabriquent en découpant de longues bandes de plantes et de racines entremêlées dans la végétation qui pousse le long des berges. Puis ils les tirent sur le lac où ils les maintiennent en place avec de solides perches de bambou. Enfin, ils recouvrent ces "îles-bateaux" de boue fertile et de résidus végétaux avant de planter fruits, légumes et fleurs. C'est donc en barque que ces agriculteurs cultivent leurs jardins et qu'ils transportent ensuite leur récolte vers un marché… flottant !

Une lagune redessinée
Port-Camargue, sur la côte du Languedoc, est le plus grand port de plaisance d'Europe. Bassins et marinas occupent 225 hectares dans une ancienne lagune refaçonnée pour accueillir 4 800 bateaux. Les travaux ont commencé en 1969, après plusieurs lâchers d'insecticides par avion pour éliminer les moustiques qui infestaient ces anciens marais. En une vingtaine d'années, ils ont permis de canaliser les eaux et de construire des îlots artificiels où d'innombrables logements accueillent plus de 30 000 vacanciers.

Des collines remodelées
En Chine, en Indonésie ou aux Philippines, des montagnes entières ont été totalement redessinées en rizières. Siècle après siècle, les paysans ont défriché la forêt avant d'y aménager de larges terrasses. Aujourd'hui, elles se succèdent en immenses escaliers, parfois sur plus de 1 000 m de hauteur. Arrosés par un système de canaux, qui court de terrasse en terrasse, ces champs suspendus, bordés de petits murets, sont régulièrement inondés pour la culture du riz. Ils augmentent de façon considérable la surface cultivable dans ces pays montagneux où les plaines sont rares.

Le Colorado est un fleuve… qui ne se jette plus dans la mer ! Entre les barrages et le pompage pour arroser une agriculture récente développée en plein désert, le débit du fleuve s'est réduit au point que l'ancien delta, riche en oiseaux et poissons, est un marais asséché.

La mine de cuivre de Palabora, en Afrique du Sud, est la plus grande excavation d'origine humaine. Pendant les 38 ans de son exploitation, les ouvriers ont creusé un gigantesque cratère de 2 000 m de diamètre et 762 m de profondeur.

Des falaises aménagées

Pour s'abriter des assaillants ou pour fuir la chaleur dans les régions désertiques, les hommes ont creusé des villes entières sous terre ou à flanc de colline. Au Mali, vers les Xe-XIIIe siècles, le peuple tellem a utilisé les étages naturels dégagés par l'érosion dans la falaise de Bandiagara pour y installer leurs greniers et maisons. Une fois les cordes relevées, ces habitations perchées à plus de 30 m du sol étaient hors de portée des envahisseurs. Les Dogons, qui ont succédé aux Tellem au XIVe siècle, en ont fait leurs cimetières collectifs.
En Chine, sur les rives du fleuve Jaune où les matériaux de construction (pierre et bois) font cruellement défaut, des millions de personnes vivent dans des maisons troglodytiques aménagées dans les falaises de lœss (alluvions* tendres). Certaines s'ouvrent à flanc de falaise, d'autres sont creusées autour d'un large puits central. Dans ces maisons qui s'enfoncent sous terre, il fait toujours frais, même lorsque le thermomètre affiche 40 °C à l'extérieur.

Un lac démesuré en plein désert

En édifiant des barrages sur les fleuves, les hommes ont créé de vastes plans d'eau artificiels.
Le plus impressionnant est le haut barrage d'Assouan sur le Nil qui a nécessité une muraille de 3 600 m de long et 900 m d'épaisseur à sa base, en travers de la vallée du fleuve. Mis en eau en 1964, il a inondé une région de 6 216 km^2 sur près de 600 km le long du Nil, engloutissant définitivement vingt-deux temples et chapelles. Heureusement, les plus prestigieux, les temples d'Abou Simbel et de Philae, ont été sauvés par l'UNESCO*. Démontés pierre par pierre, ils ont été reconstruits à l'identique hors de portée des eaux. Un vaste lac, baptisé lac Nasser en l'honneur du président égyptien, s'étend désormais à la frontière de l'Égypte et du Soudan… en plein désert !

Des terres gagnées sur la mer

Première d'une série de trois îles artificielles parmi les plus grandes au monde, Jumeirah Palm Island sera achevée en 2007, au large de la ville de Dubaï (Émirats arabes). En forme de palmier stylisé de 5 km de diamètre, elle correspond à 560 hectares de terres gagnées sur la mer ; elle comporte 17 palmes, un tronc de 2 km de long ainsi qu'un anneau de 11 km de long relié à l'extrémité de l'île par un tunnel sous-marin ! Elle complète une série d'aménagements touristiques, marinas, ports, autoroutes, gratte-ciel, dont le clou est un hôtel à l'architecture de voilier de 321 m de haut ! Ces constructions ont métamorphosé le littoral de Dubaï. Sur cette côte désolée du golfe persique, qui borde le terrible désert Rub al-Khali, il y a un siècle, les tentes discrètes de quelques nomades étaient les seules traces de l'occupation humaine !

Au XIXe, il a fallu 10 ans de travaux titanesques pour creuser le canal de Suez entre Méditerranée et mer Rouge. Long de 195 km, celui-ci a bouleversé le paysage désertique. Il a aussi modifié l'écologie marine en reliant des mers jusqu'alors isolées : depuis, des poissons tropicaux se sont installés en Méditerranée !

Achevé en 2004, le viaduc de Millau, qui enjambe les gorges du Tarn sur 2460 m, détient un triple record du monde. La pile du pont (245 m), la flèche (hauteur des pylônes : 343 m) et le tablier sur lequel roulent les voitures (270 m) sont tous trois les plus hauts de tous les ponts.

Lexique

alluvions
Mélange de débris de minéraux et de végétaux transportés par les fleuves, qui se déposent lorsque le courant faiblit. Les alluvions apportent de la fertilité aux terres.

amphibie
Capable de vivre à la fois dans l'eau et à l'air libre.

anticyclone
Zone de hautes pressions atmosphériques synonyme de beau temps l'été et de temps calme et sec l'hiver.

biodiversité
Ensemble des êtres vivants (plantes et animaux) caractéristiques d'un milieu ou d'une région donnée.

calotte
Épais manteau de glace dont sont recouverts en permanence les zones polaires et les sommets de certaines montagnes.

champ magnétique terrestre
La Terre possède un champ magnétique qui s'étend tout autour d'elle sur des dizaines de milliers de kilomètres. Il provient du noyau de notre planète et de son magma, qui est le siège d'immenses tourbillons de fer et de nickel. Ces mouvements engendrent de grands courants d'électricité qui donnent naissance au champ magnétique. Son existence explique le fait qu'une boussole indique toujours le Nord.

delta
Dépôt de cailloux, de graviers, de sables et de boues se formant à l'endroit où un fleuve se jette dans un océan, une mer ou un lac. Il divise le cours d'eau en plusieurs bras et prend souvent une forme triangulaire, à l'image de la lettre grecque delta, qui lui a donné son nom.

écosystème
Ensemble écologique formé par un milieu naturel et les organismes végétaux et animaux qui y vivent (plantes, insectes, mammifères...).

endémique
Terme utilisé pour qualifier des espèces vivant dans une région géographique spécifique et nulle part ailleurs.

estuaire
Embouchure d'un cours d'eau, évasée et profonde, où l'eau de l'océan (ou de la mer) dans lequel se jette le fleuve, pénètre au rythme des marées.

géothermie
La chaleur stockée dans le centre de la Terre produit de la vapeur qui est utilisée dans certains pays pour produire de l'électricité ou du chauffage.

granite
Roche cristalline dure et résistante qui compose en grande partie la croûte continentale. Elle est issue du refroidissement du magma.

grès
Roche sédimentaire composée de différents petits éléments soudés par du ciment de nature et de dureté variable.

limons
Mélange de sable et de débris très fins.

sédiments
Ce sont les restes des organismes du plancton (squelettes, coquilles) et des débris de roches (argiles, sables ou graviers) apportés par les fleuves qui se déposent, couche après couche, au fond des océans.

Index

Les chiffres en italique renvoient à la frise.

Références iconographiques

Tous les globes ont été dessinés par Laurent Stefano.

1re de couverture : ill. C. Jégou ; hg : F. Lukasseck/CORBIS ; hd : V. & F. SARANO – 4e de couverture hd : N. Pisarenko/AP/SIPA – page de titre : A.P.I./Lochon/GAMMA ; dessin : L. Stefano – 3 b : V. & F. SARANO – 4 mg : T. Bernhard/Zefa/CORBIS ; hd : L. Stephano ;bd : P. Adams/CORBIS – 5 hd : E. Valentin/HOA-QUI ; mg : STOCK/P.P.L. IMAGE/SIPA ; bd : D. A. Murawski/A. Peter/BIOS – 6-7 : G. Hunter/SUPERSTOCK/SIPA – 8-9 : Coredoc – 10-11 : dessins pierres : L. Stefano – 10 b : E. Étienne – 11 hd : V. & F. SARANO – 12 h : G. Mcdowell/NPL/JACANA – 13 hd : L. Manning/CORBIS ; bg : C. & R. Dorr/JACANA ; mb : L. Schlosser – 14 h et m : V. & F. SARANO ; b : NASA – 15 : B.S.P.I./CORBIS ; dessins : Coredoc – 16 : V. & F. SARANO – 17 h : Ch. Sappa/HOA-QUI ; mg : V. & F. SARANO ; b : P. Bennett/Eye Ubiquitous/CORBIS ; md : S. Cordier/HOA-QUI – 18-19 : P. Adams/CORBIS – 20-21 : P. de Wilde/HOA-QUI – 20 b : V. & F. SARANO – 22 : S. Vilder/Eurasia Press/CORBIS – 23 bg : T. Montford/BIOS ; hd : C. Jouan/J. Rius/JACANA – 24 mg : NASA ; bd : V & F. SARANO – 25 g : T. Bernhard/Zefa/CORBIS ; md : V. & F. SARANO – 26 hg : P. Adams/Zefa/CORBIS ; bg : F. Charel/HOA-QUI ; d : J. Hawkes/CORBIS – 27 h : V & F. SARANO ; b : M. Friedel/RAPHO – 28 h : E. Sampers/EXPLORER ; bd : NASA – 29 hg : A. Maslennikov/BIOS ; mg : NASA ; bd : V & F. SARANO – 30 hg : J.-L. Manaud/HOA-QUI ; md : E. Epanchincev/ITAR-TASS/CORBIS ; b : A.P.I./Lochon/GAMMA – 31 h : N. Kazuyoshi/CORBIS ; m : P. Escudero/HOA-QUI ; md : M. freeman/CORBIS ; b : L. Gubb/CORBIS – 32 : O. Franken/CORBIS – 33 mg : F. Lukassek/CORBIS ; bg : GFDL ; dessins : L. Stephano ; hd : NASA – 34-35 : C. Jégou – 36 g : B. Ross/CORBIS ; bd : P. O'Hara/CORBIS – 37 hg : M. Muench/CORBIS ; hd : L. Kennedy/CORBIS ; md : D. Muench/CORBIS ; b : DLILLC/CORBIS – 38 hg : D. Muench/CORBIS ; bd : V. & F. SARANO – 39 hd : Macduff Everton/CORBIS ; bg : W. Buss/HOA-QUI ; bd : B. Mansell/NPL/JACANA – 40-41 : C. Jouan/J. Rius/JACANA – 41 bd : V. & F. SARANO – 42 md : NASA ; b : N. Pisarenko/AP/SIPA – 43 mg : L. Stefano ; md : J. J. Bissell/SUPERSTOCK/SIPA ; bg : V. & F. SARANO – 44-45 : P. Body/HOA-QUI – 46 : Goebel/Zefa/CORBIS – 47 h : NASA ; md : K. Frayer/AP/SIPA ; bd : L. Schlosser – 48-49 : Artic Images/CORBIS – 49 bd : NASA – 50 : CRI Nancy Lorraine/Krafft/HOA-QUI – 51 h : Coredoc ; b : L. Schlosser – 52-53 : C. Boisvieux/HOA-QUI ; dessins : M. Sinier – 54 g : STOCK/P.P.L. IMAGE/SIPA ; d : B. Ross/CORBIS – 55 h : C. Sánchez/EPA/SIPA ; md : R. T. Nowitz/CORBIS ; bg : M. Denis-Huot/JACANA – 56 hg : L. Stephano ; b : T. Bean/CORBIS – 57 g : M. Sinier ; bd : M. Kobayashi/PPS/RAPHO – 58 : F. Lanting/CORBIS – 59 h : Coredoc ; b : NASA – 60 hg, bg : D. Shale/NPL/JACANA ; md : D. A. Murawski/A. Peter/BIOS ; bd : L. Favreau – 61 h : D. Shale/NPL/JACANA ; b : Sea Studio/A. Peter/BIOS – 62 hd : Arctic-Images/CORBIS ; b : A. Guérin – 63 hd : A. Guérin ; mg : NASA ; bg : Coredoc – 64 h : A. Garcia/CORBIS ; bd : R. ressmeyer/CORBIS – 65 hd, bg : P. Bourseiller/HOA-QUI – 66 hg, bg : V. & F. SARANO ; m : NASA – 67 h : E. Valentin/HOA-QUI ; bg : G. Gerster/RAPHO ; bd : CRI Nancy Lorraine/Krafft/HOA-QUI – 68 : A. GUÉRIN – 69 h : Steinmetz/COSMOS ; m : W. Kaehler/CORBIS ; b : B. Harrington III/CORBIS – 70-71 : F. Lukasseck/CORBIS – 72 hg : D. A. Hardy/SPL/COSMOS ; bd : B. Edmaier/SPL/COSMOS – 73 H : Ravenswaay Van D. S.P.L. ; md : R. Llewellyn/IMAGESTATE/GHFP – 74 : V. & F. SARANO – 75 h : V. & F. SARANO ; md : NASA ; bg : R. Tixador/TOP.

Les images DVD sont extraites du film *Paradis Rouge.*
Les pictogrammes illustrant la frise ont été dessinés par Nicolas Julo.

VOIR LES ANIMAUX

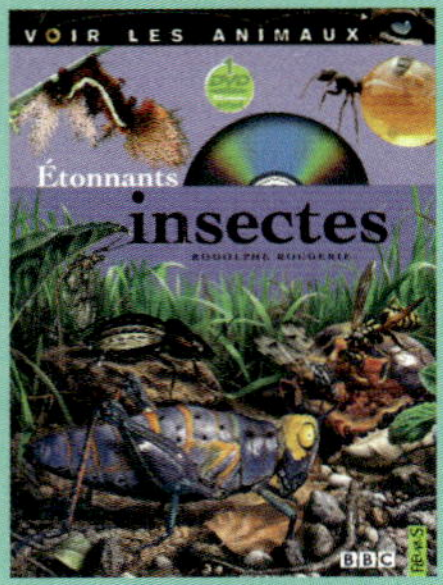

VOIR L'HISTOIRE

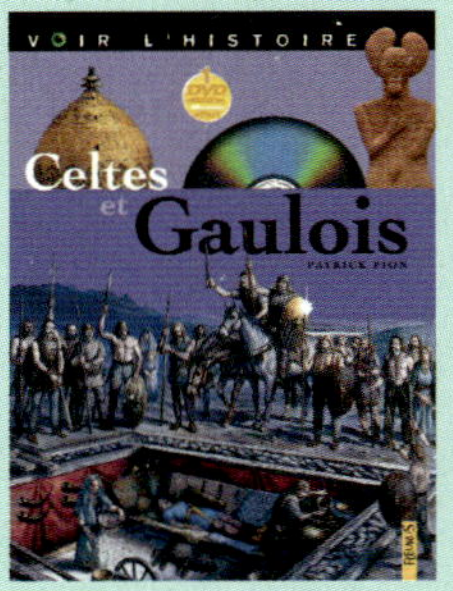

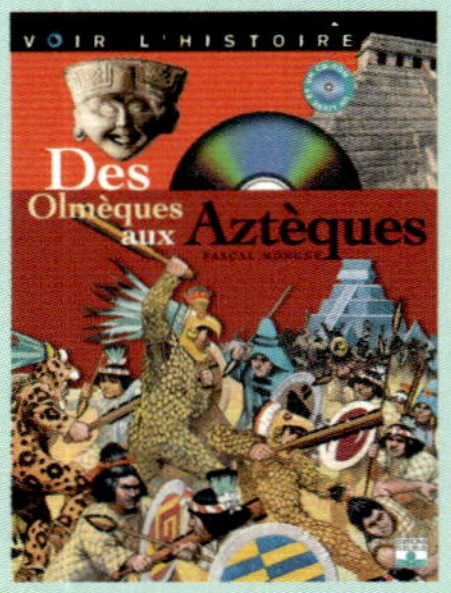

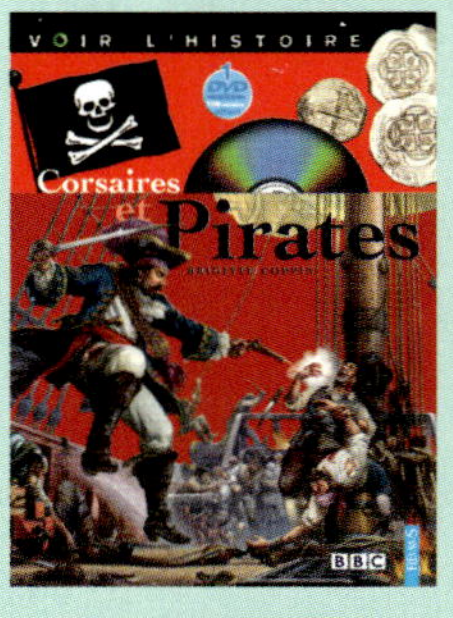